日本はなぜ
世界でいちばん人気があるのか

竹田恒泰

Takeda Tsuneyasu

PHP新書

この本を手に取った方へ

こんにちは。数ある本のなかからこの一冊を手にしてくれて嬉しく思います。アメリカ人はアメリカを愛しています。韓国人も韓国を愛しています。でも、日本人は、なんだかそうではない。自分の国を愛せなくなっている人、または自分の国をよく知らない人が増えている気がします。僕はそれが悲しくて、日本人に「日本はこんなに誇れる国だ」と分かってほしくて、だからこの本を書きました。国際化が進む今、日本人が異邦人と接する機会が増えました。これから留学や転勤などで国境を渡る人もいるでしょう。世界でいう「真の国際人」とは、自分の国について語ることができる人です。僕はこの本に「日本とは何か」を詰め込みました。誰でも楽しんで読めるように、解説も付けました。自分に合った読み方をしてください。この本を通して、世界に負けない「日本の底力」を感じてくれたら幸いです。この本が、あなたにとって良い出会いとなることを祈っています。心を込めて。

竹田恒泰

日本はなぜ世界でいちばん人気があるのか　目次

この本を手に取った方へ

序章　世界でいちばん人気がある国「日本」　7

第一章　頂きます【いただきます】
——『ミシュランガイド』が東京を絶賛する理由　31

第二章　匠【たくみ】
——世界が愛する日本のモノづくり　57

第三章　勿体無い【もったいない】
——日本語には原始日本から継承されてきた〝和の心〟が宿る　85

第四章 和み【なごみ】——実はすごい日本の一流外交 115

第五章 八百万【やおよろず】——大自然と調和する日本人 143

第六章 天皇【すめらぎ】——なぜ京都御所にはお堀がないのか 169

終章 ジャパン・ルネッサンス——日本文明復興 199

巻末対談 日本は生活そのものが「芸術」だ——天皇から派生する枝葉のなかに我が国の文化はすべてある！ 北野 武×竹田恒泰 209

産霊（むすひ）——天皇不在の日本論は日本論に非ず

主要参考文献一覧

序章

世界でいちばん人気がある国「日本」

どうやら今、世界は猛烈な日本ブームに沸いている。日本人は、世界がどれだけ日本に注目しているか、正確に把握(はあく)しておくべきだろう。日本人が日本人としての誇りを取り戻すことができる最後の機会が到来していると私は確信している。

ペリー来航以来、日本的なものは封建的な古臭いものとして、無価値のレッテルを貼られ、さらに、大戦終結後は、軍国主義の源として完全に否定されてきた。しかし、その日本的なものを近年、世界の人々が高らかに称賛している。日本人は、そのような世界の人々の反応を見て、はじめて日本的なものの価値を再発見しているのである。

日本人はかつて、これほどまでに世界から注目され、愛されることを経験したことがないと思われる。決して舞い上がることなく、冷静に、そして謙虚に、まずこの事実を知ってほしい。最終的な評価は第三者の異邦人ではなく、結局は自分たちで下していかなくてはならないのだから。

●英BBCの調査で分かった日本の人気

平成十八年（二〇〇六）、英国のBBC放送が三三カ国で約四万人を対象に世論調査を行った結果、「世界に良い影響を与えている国」として、最も高く評価されたのが日本だった。

この調査では、三三カ国中三一の国で、日本の影響力について、肯定が否定を上回り、うち二〇カ国で肯定が五〇パーセントを上回った。全体では肯定が五五パーセント、否定は一八パーセントだった。ちなみに、日本に対する評価で否定が肯定を上回った二カ国は、中国と韓国である。また、日本を最も高く評価したのはインドネシアの八五パーセント、次いでフィリピンの七九パーセントであったことは記憶にとどめておきたい。

この年は、平成十三年（二〇〇一）から総理大臣を務めていた小泉純一郎氏が総理を退任した年であり、同氏は就任以来、毎年靖国神社への参拝を続けてきた。総理の靖国参拝によって「日本は国際的に孤立する」とも語られてきたが、同調査により、日本は孤立どころか、国際的に「良い影響を与えている国」として最も高く評価され、まして東南アジア諸国からは絶大な支持を受けていることが分かった。

一方、この調査で「世界に悪い影響を与えている国」とされたのは、第一位がイラク、第

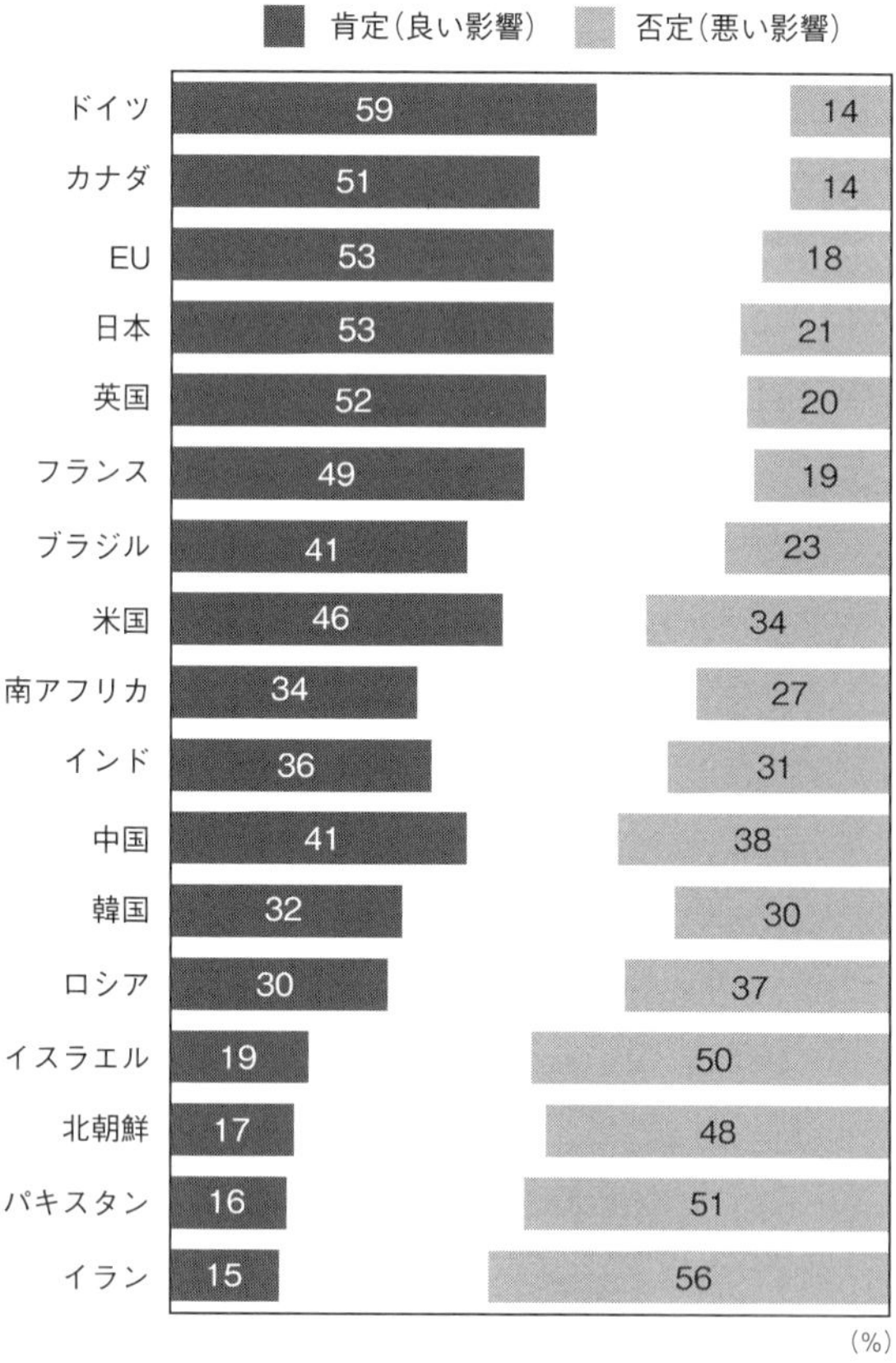

世界各国の影響力に対する評価(BBC調査、2010年)
※空白は「肯定」でも「否定」でもない割合
※対象国を除いた27カ国の平均値(EUは28カ国平均)

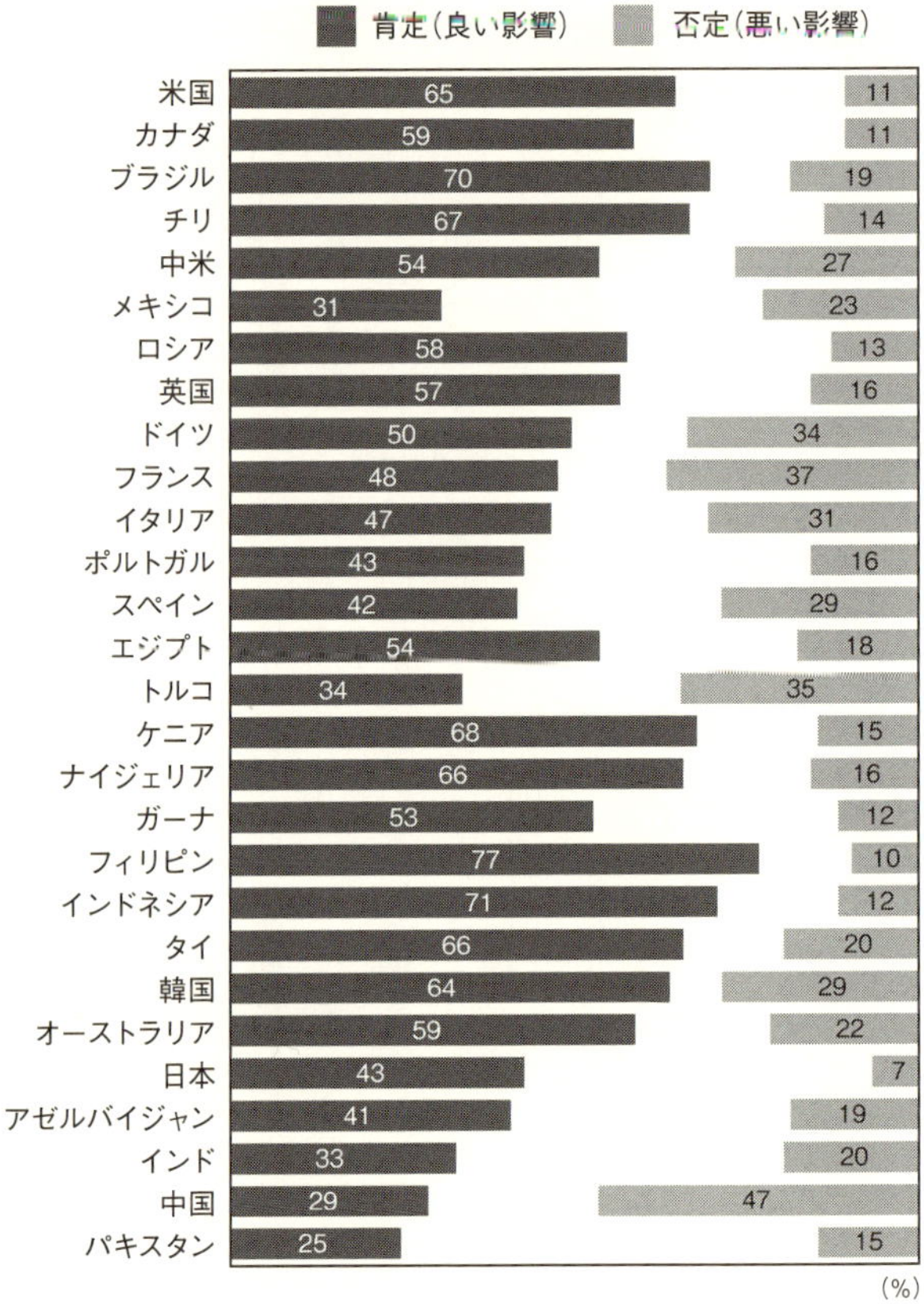

日本の影響力に対する各国の評価(BBC調査、2010年)
※空白は「肯定」でも「否定」でもない割合

二位が米国だった。「ならず者国家」と罵る国と罵られる国が共に最も否定的に評価されたことは興味深い。

同調査はその後、毎年実施されていて、日本は三年連続で「良い影響を与えている国」第一位の座を維持してきた。平成二十一年（二〇〇九）の調査では、ドイツ、カナダ、英国に続き、日本は四位に順位を落としたが、同年はむしろ五年間の調査のなかで最も日本を肯定する比率は高かった。そして、平成二十二年（二〇一〇）の調査ではドイツに続き、日本は二位に評価された。10、11ページに、同年の調査結果の一部を抜粋して示す。

平成二十二年の調査によると、「悪い影響」はイランの五六パーセント、パキスタンの五一パーセント、イスラエルの五〇パーセント、北朝鮮の四八パーセントの順で、米国の評価ははじめて肯定が否定を上回り、また中国は肯定と否定が拮抗した。また、やはり中国は日本に対する評価で否定が肯定を大きく上回った。一方、韓国の対日評価は、平成十八年の調査と比較すると著しく改善され、むしろ親日的傾向にあることが分かる。

もちろん、この英BBCの調査は、あくまでも世論調査であるため、これらの数字が必ずしも各国市民の感情を正確に表現しているとは限らず、一喜一憂すべきものではない。だが、この調査結果から、大まかな傾向をつかむことはできる。日本が五年間、最上位を占めつづけていることは、日本が世界から高い評価を受けていることの証にほかならない。

●――台湾は「ラブ・ジャパン」の大御所

日本好きといえば、まずはじめに台湾を挙げるべきだろう。もともと台湾には親日家が多いといわれているが、さらに「哈日族(ハーリーズー)」と呼ばれる、日本のポップカルチャー好きの若者たちが急増し、台湾の日本贔屓(びいき)に拍車をかけているといわれて久しい。

平成二十一年(二〇〇九)に、交流協会(日本の対台湾窓口機関)が、「台湾における対日意識に関する世論調査」の結果を発表し、台湾人の最も好きな国が日本であることが分かった。

調査の対象となったのは約一〇〇〇人の男女で、「あなたの最も好きな国(地域)はどこですか?」という質問に対して、中国の二パーセント、米国の五パーセント、台湾の三一パーセントなどを差し置いて、三八パーセントが「日本」と答えている。この種の聞き込みでは通常、自国こそ「最も好きな国」になるはずだが、自国よりも「日本」と答えた人の方が多いのには驚く他ない。台湾には、それほど日本に好感を持つ人が多いということなのだろう。

交流協会は翌平成二十二年（二〇一〇）にも同様の調査結果を発表し、今度は「あなたの最も好きな国（地域）はどこですか？」という質問に「台湾を除き」という条件を付加したところ、「日本が最も好き」と答えた人は一四ポイント増の五二パーセントとなった。過半数の人が「日本が最も好き」であるという事実は尋常ではない。

同じ調査結果によると、六二パーセントの人が日本に「親しみを感じる」と答え、「親しみを感じない」の一三パーセントを大きく引き離した。そのうち日本に「親しみを感じる」と回答したのは、六十五歳以上が五八パーセントで、二十代が七二パーセント、三十代が七七パーセントだった。これまで、日本語教育を受けた七十歳以上の世代が親日的であると考えられていたが、むしろ若い世代が最も親日的であることが分かった。また、学歴が高い人ほど日本に親しみを感じていることも分かった。同調査により、台湾の親日の程度を数値で確認することができたことは意義深い。

また、日本のイメージについて聞いたところ、「自然の美しい国」が最も多く、「経済力、技術力の高い国」「きまりを守る国」「豊かな伝統と文化を持つ国」が続いた。そして、全体の五一パーセントが「伝統文化」、四九パーセントが「現代文化、ポップカルチャー」の分野に興味があると答えていることにも注目したい。

●実は中国人も日本好き？

中国人が日本を否定的に見ていることは、先の英ＢＢＣの調査から読み取ることができる。しかし、平成二十二年（二〇一〇）に中国の新聞社が発表した調査結果によると、中国人の若者にとっては「最も好きな国」が日本であることが分かった。

この調査は中国の全国紙『環球時報』が調査会社に委託して行ったもので、北京、上海、広州、武漢、重慶の五都市在住の十五歳から六十四歳の男女、計一三五〇人に電話で聞いたところ、日本が「最も好きな国」の第五位に入ったという。しかも、十五歳から二十歳に限定すれば、日本は上位に入ったフランス、米国、韓国、英国、カナダを押さえて第一位になっている。中国では反日教育を今でも継続しているため、もしこの調査結果が正しいなら、中国の教育は失敗だったことになろう。

一方、それ以外の世代では、三十一歳から四十歳において、日本に対する好感度が最も低かった。この世代は、中国で反日教育が強化された時期に学生時代を過ごした層である。

決して離れていない世代間で、これほどの結果の違いが表れたのはなぜだろうか。想像するしかないが、反日教育の効果以上に、日本が最近の中国の若者の興味を引き付けるだけの魅力を持ったか、もしくは日本が重視されなくなった結果であると考えられる。

同調査では「最も重要な二国間関係」を問うたところ、「日中関係」と答えた人は二一パーセントで、四九パーセントだった四年前の調査以来、激減している点も気になる。

反日国家の権化(ごんげ)である北朝鮮でも、人民を率いる金正日総書記は大の日本好きであることが知られている。長男の金正男氏が東京ディズニーランドに行こうとして、偽造旅券を用いて日本に不法入国したことを理由に強制送還になったこともあった。「嫌よ嫌よも好きのうち」とはよくいったものである。

●――日本人は世界最良の客

また、次のような調査結果もある。世界最大級のオンライン旅行会社のエクスペディアは、平成二十一年(二〇〇九)に、世界のホテルマネージャーに対して、各国観光客の国別の評判を調査した「エクスペディア・ベストツーリスト二〇〇九」を発表した。

これによると「ベストツーリスト」(最良の観光客)に選ばれたのは日本人で、しかも三年連続であるという。調査は欧州、アメリカ、アジア太平洋の地域別で集計され、日本人はすべての地域で一位に評価された。

さらに、日本人は「行儀の良さ（その国のマナーや一般的なエチケットを守る）」「礼儀正しい」「部屋をきれいに使う」「騒がしくない」「不平が少ない」の項目において一位に選ばれた他、ほぼすべての項目で上位に入った。

総合評価において、日本人は一〇〇点中七一点を獲得し、二位の英国人（五二ポイント）、三位のドイツ人（五一ポイント）を大きく引き離した。今のところ日本人は「最良の観光客」として、不動の地位を築いているように見える。

これまでいくつかの調査結果を示してきたが、日本を高く評価するものは、これ以外にも多々あり、おおむね「日本は世界でいちばん人気がある」といっても差し支えなかろう。

日本が世界で人気があるというのは、日本に敵対する国が少ないことも重要な要素ではないか。

米国は世界から慕われていると同時に、多くの国と敵対している結果、英BBCの平成十八年（二〇〇六）の調査で、イラクと共に最下位に評価されることになった。一方、日本は、欧米はもとよりアラブ諸国とも友好な関係を築いていて、北朝鮮などの一部の国を除いて、日本に敵対する国家は存在しない。

◉——日本のポップカルチャーの先駆者は「浮世絵」

世界の歴史において、欧米諸国や中国などは、軍事力や経済力で世界の注目を集め、国際的な地位を確立してきた。日本も明治三十八年（一九〇五）、日露戦争の日本海海戦で、世界最強といわれたロシア帝国のバルチック艦隊を壊滅させたことで、その力を世界に知らしめたことはあった。また、広島と長崎への原爆投下を経て先の大戦が終結したことは、逆の意味で世界に注目されたのかもしれない。

しかし、日本が世界に認知されたのは、軍事力や経済力ではなく、文化の力によるところが大きかったのではないか。日本は幕末に鎖国政策をやめて開国したことで世界とつながり、その後の国際化によって、世界の隅々にまで日本文化が浸透することになった。

日本の文化が世界に影響を与えた事例としては、十九世紀後半に浮世絵が欧米の美術に強い影響を与えた例がある。ゴッホは浮世絵の魅力に取りつかれた画家の一人で、弟テオに宛てた手紙に「僕の仕事は、みな多少日本の絵が基礎となっている」と書き、また、浮世絵を模写した作品や、人物の背景に浮世絵を描いた作品を遺していることはよく知られている。

早くも明治二十三年（一八九〇）にはパリで大規模な浮世絵展が開催され、「ジャポニズム」

〈歌川広重〉　〈ゴッホ〉

ゴッホと歌川広重（それぞれゴッホ美術館、中山道広重美術館蔵）
右上：ゴッホ「日本趣味・雨の大橋」(1887)、左上：歌川広重「名所江戸百景・大はしあたけの夕立」(1857)、右下：ゴッホ「日本趣味・梅の花」(1887)、左下：歌川広重「名所江戸百景・亀戸梅屋舗」(1857)

が認知されるきっかけになった。

西洋の遠近法を超える用法が用いられていた浮世絵は、ルノアール、モネをはじめとする印象派画家たちを虜（とりこ）にした。浮世絵には北斎の作品に見られるように、近くに見えるものを強調して描き、途中を省略したうえで、遠くに見える富士を小さく描くなど、空間を自由に操る手法が用いられていた。

それ以外にも、西洋では写実主義に縛られていたところ、浮世絵はそれとは反対に、線によって単純化されるため、画家の構成力が決め手となる。浮世絵は、世界の近代美術を方向付けたといってもよいだろう。

近年は異国で日本のポップカルチャーが持て囃（はや）される傾向があるが、浮世絵はその走りではなかっただろうか。

通常「ポップカルチャー」とは、マンガ、アニメ、J‐POP、ファッションなどの最近の日本の若者文化を指して用いられるが、外務省の「ポップカルチャー専門部会」は、ポップカルチャーを「一般市民による日常の活動で成立している文化」ととらえ、「庶民が購（あがな）い、生活の中で使いながら磨くことで成立した文化であって、これを通して日本人の感性や精神性など、等身大の日本を伝えることができる文化」と定義している。

このように考えれば、江戸時代に庶民の外食文化として成立し発達してきた寿司や天麩羅、そして伝統的に庶民に用いられてきた着物や風呂敷の文化なども、今や世界に浸透したその時代の日本のポップカルチャーだったといえるだろう。

●——「クール・ジャパン」は日本のポップカルチャーから始まった

冒頭に紹介したとおり、日本人の知らない間に、日本は世界一の人気者になっている。日本人がこれほど世界から愛される事態を、日本人はこれまで経験したことがないのではないか。

日本的なかっこよさを指す「クール・ジャパン」という言葉は、日本のポップカルチャーを愛する欧米の若者たちによって唱えられ、これが世界的な日本熱の原動力となってきた。

マンガやアニメに代表される日本のポップカルチャーは「オタク文化」などと呼ばれ、本国でもいまだに評価が低いのが現状だ。平成二十年（二〇〇八）にマンガ好きの麻生太郎氏が総理大臣に就任してからは、日本のマンガの価値を見直す風潮があったが、それでも麻生政権が行き詰まると「マンガはもうよしておけ」などと嘲笑される場面もあった。

しかし、日本の映画とテレビドラマの大半は、原作がマンガであることは動かしようのない事実であり、映像制作者たちが頼らざるをえないほど、日本のマンガは精度が高い。私は『モーニング』『スーパージャンプ』をはじめ、いくつかのマンガ雑誌を毎号欠かさず読んでいるが、トレンド雑誌を読むくらいなら、マンガ雑誌を読む方がはるかに世の中のトレンドが分かると確信している。

従来の世界の常識によれば「アニメーションは子供が観るもの」とされてきたが、多様性のある日本のアニメが世界に紹介されると、徐々にこの常識は変化し、日本のアニメは子供だけでなく、大人も楽しむものとなった。今では日本のアニメで育った親が、子供と一緒に新しい日本のアニメを観て楽しむ時代を迎えたのである。

欧米では「anime」(アニメ)といえば特に「日本の商業アニメーション」のことを意味し、他のものは「animation」(アニメーション)といって区別している。「anime」が「animation」を略したものであるなら「anima」(アニマ)になってしまうことから分かるとおり、英語の「animation」が日本語の「アニメ」となり、それが英語に逆輸出された結果が「anime」(アニメ)なのであって、これは極めて珍しい事例であるといえよう。

日本のマンガ・アニメが世界に与えた影響の大きさは計り知れず、その程度は浮世絵や日本食の比ではないと思われる。

世界中のコミックショップに並ぶマンガのおよそ九割を日本マンガの翻訳版が占め、フランスでは『ドラゴンボールZ』が最高で六七パーセントの視聴率を記録したことなどから、日本のマンガ・アニメの人気を窺い知ることができる。

日本のポップカルチャーをテーマとした博覧会が世界各地で開催されていることも見逃せない。なかでも最大規模を誇るのが、平成十二年（二〇〇〇）にパリで始まった「ジャパン・エキスポ」で、平成二十二年（二〇一〇）で一一回目を迎え、一八万人の入場者を数えた。

異邦人の生き方にまで影響を与えた例もある。女子バレーボールで、平成十四年（二〇〇二）の世界選手権をはじめ、北京オリンピックでも活躍した、イタリアのエースであるピッチニーニは『アタック№1』を観てバレーボールにあこがれ、主人公の鮎原こずえと戦うのが夢だったという。

また、『キャプテン翼』の影響でサッカーを始めたというプロのサッカー選手が世界中に数多くいる。かつて「世界最高のサッカー選手」と称えられたフランスのジダンをはじめ、ガットゥーゾ、デルピエロ、トッティ、ザンブロッタなど二〇〇六FIFAワールドカップの優勝国イタリアの代表選手の多くは『キャプテン翼』のファンである。ジラルディーノは「翼が歩んでいた道こそ僕らの夢そのものだったんだ」と語ったことがある。

今、物語のうえで主人公の大空翼は、スペインリーグで活躍していて、ＦＣバルセロナに所属しているが、ライバルである同国のレアル・マドリードの幹部が「なんで翼をうちに入れさせなかったんだ」と怒ったという逸話も伝えられる。

集英社によると、『キャプテン翼』の世界での正規累計販売部数は約一〇〇〇万部、国内発行部数は約七〇〇〇万部に上るという。

かつて小学生だった翼が、今や世界を舞台に活躍しているように、日本のマンガ・アニメには登場人物が成長していく作品が多い。日本人にとっては当然であっても、これは従来の異国のアニメーションでは見られない特徴である。『トムとジェリー』でトムが成長して鼠取りが上手になったら、追っかけっこは成立しないし、『ＬＯＯＮＥＹ ＴＵＮＥＳ』のロードランナーとコヨーテも同様である。この違いも、日本のマンガ・アニメが大人を含む異邦人に受け入れられた一つの要素ではなかろうか。

同時に、日本のマンガ・アニメは物語の内容が深く、従来の子供騙しのアニメーションとは次元が異なるだけでなく、完成された物語を実写ではなくアニメーションで表現したことで、余計に想像力をかき立てたとも考えられる。また、映像の緻密(ちみつ)さや日本独特の声優文化などの要素も関係していると思われる。

●──マンガ・アニメは世界に向かって開かれた日本文化の入り口

子供時代に接する文学や映像が、人格形成に決定的な影響を及ぼすことに疑いの余地はなく、日本のマンガ・アニメが世界の子供たちに与える影響の大きさは、想像を絶するものがある。

懇意にしている集英社のマンガ誌編集者から聞いた話だが、雑誌に連載するマンガに絶対に必要な条件は「正義」だという。日本のマンガ・アニメは一見ふざけているように見えても、常にその根底に「正義」があり、正直で真面目で勤勉な日本人の価値観が、マンガ・アニメを通じて世界に伝播されていることになる。

子供のときから日本のマンガ・アニメに慣れ親しんで育った異邦人たちは、マンガ・アニメを通じて、日本に親近感を持つようになり、これが日本文化や日本的価値観に興味を持つきっかけとなる。異国に日本の良き理解者を得ることは、日本の将来にとってどれだけ大きな財産になるだろうか。

しかも、マンガ・アニメは異邦人が日本語学習を始めるきっかけになる場合も少なくないという。マンガは翻訳されるのに時間がかかるため、もし日本語が読めるなら、誰よりも先に、最新の物語を読むことができるはずだ。また、日本人が吹き替えの洋画を好まず、字幕を見ながらでも、俳優の生の声を聞きたいという人が多いように、声優文化が発達している日本のアニメには、声優の生の声を聞きたいというファンが多いことも事実である。であれば、日本語を聞いて理解したいと思うのは自然の成り行きであろう。そのため、確かにマンガ・アニメは日本語を学ぶ動機になるのである。日本語の普及に、マンガ・アニメは絶大なる力を発揮している。

翻訳された日本のマンガは、横文字にもかかわらず、たいていは右開きで作られることにも注目したい。これは、左開きにしてしまうと、左右でつながった絵が逆転して不都合が生じるというのがその理由だ。左開きの本しか手にしたことがない欧米人が、右開きを受け入れたのは、驚くべきことではないか。ここからも、日本のマンガが持つ力の大きさを知ることができる。右開きの本を、縦書きの日本語で自然に読んでみたいと考えるのも自然であり、日本語学習のまた別の動機にもなりうる。

近年、ポップカルチャーが持つ力の強さに気付いた外務省が「ドラえもん」を日本のアニ

アニメ文化大使に選ばれたドラえもん（タイ、2008年、提供：時事通信）

メ文化大使に任命したのには驚いたが、日本政府が主体的に日本ポップカルチャーを世界に売り込んでいることは高く評価すべきだろう。

日本はマンガ・アニメを通じて、世界中の若者たちとつながることに成功した。マンガとアニメに代表される日本のポップカルチャーは、世界に向かって開かれた日本文化の入り口ではなかろうか。異邦人にとって、日本文化との出会いは誰でも楽しめる娯楽であってもよい。

だが、出口は、日本人が縄文時代から長きに亘（わた）って大切に育（はぐく）んできた「和の心」を軸とする日本精神であるべきだ。「入り口は低く、出口は高く」という自然なかたちで日本文化の姿を異邦人と共有することができれば、日本は国際的に大きな役割を担ったことになる。

●――自虐史観との狭間で

ところで、冒頭に示した英BBCの平成二十二年（二〇一〇）の調査結果（11ページ）をもう一度見直してほしい。日本人の日本に対する評価は肯定が四三パーセントと極めて低調である。一方、中国人の中国の評価は肯定が八一パーセント、韓国人の韓国の評価は七六パーセントと高く、米国六〇パーセント、英国六二パーセントなどと比較しても、日本の数字は異常である。日本人の日本に対する評価が低いのは大きな問題ではないか。

世界では日本熱の勢いはとどまるところを知らないが、日本人自身はどことなく冷めているように見えるのは私だけではないだろう。

人類普遍の摂理によれば、特別な虐待を受けたりしない限り、子は親を愛するものであって、また親が冤罪（えんざい）で死刑になったりしない限り、国民は国家を愛するものである。動物ですら親を恨み、また郷土を恨むものはない。

もしほんとうに日本人が日本を愛していないとしたら、それは何か歯車が狂っているからに違いない。そこにあるのは、民族の誇りを徹底的に否定された占領期の後遺症の結果であろうと私は思う。

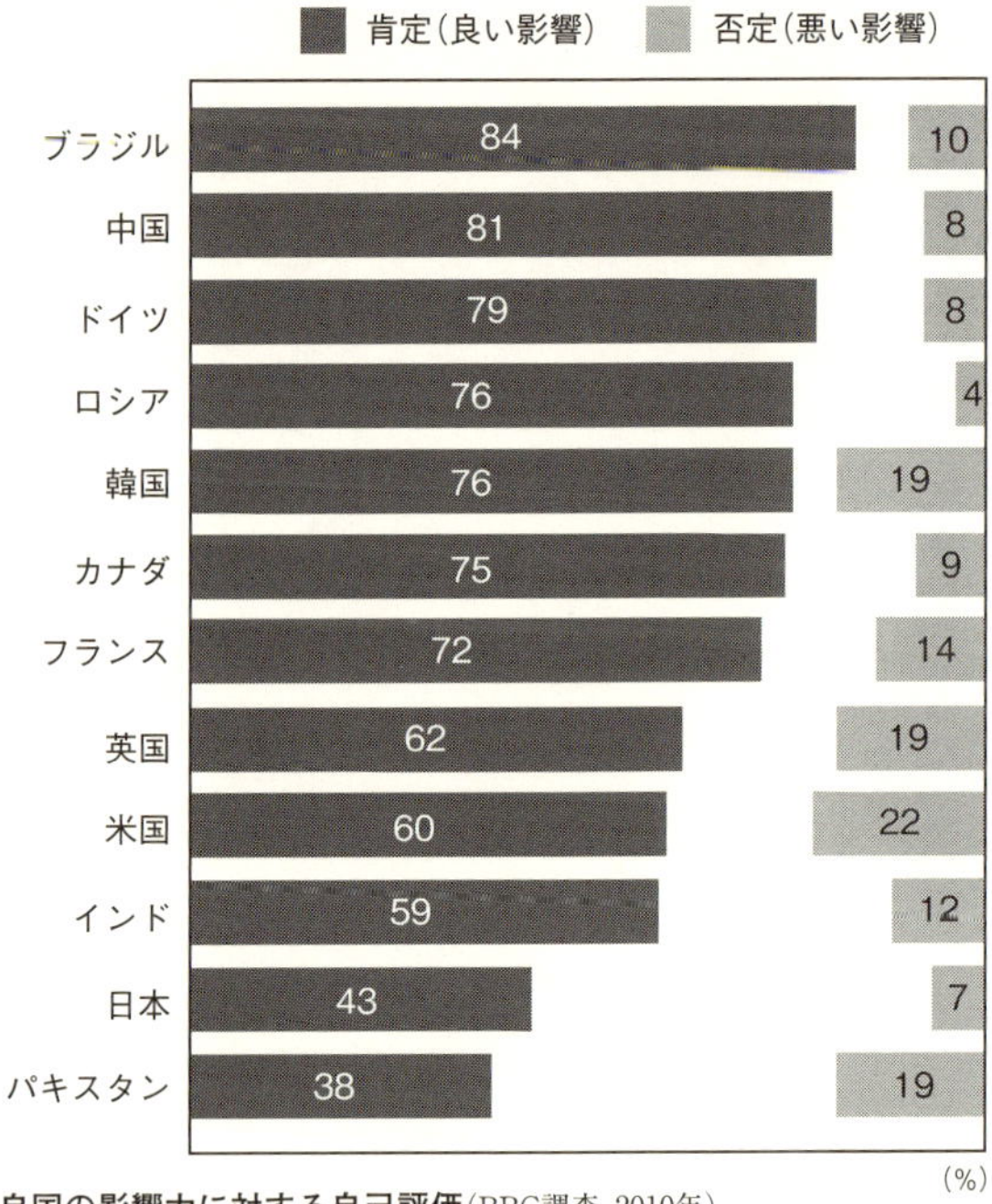

自国の影響力に対する自己評価(BBC調査、2010年)

※空白は「肯定」でも「否定」でもない割合

連合国は日本を恐れていた。占領の最大の目的は、分かりやすくいえば「二度と日本が刃向かうことができないように、骨抜きにすること」である。そのためには、歴史を歪曲(わいきょく)し、神話を否定し、それによって国家と民族の誇りを消し去ることが最も確実な方法である。

その結果、連合国の占領方針は日本でいまだに効果を発揮しているようだ。日本人が自らの力によってその催眠から覚めることは難しい。しかし、日本の文化の価値を見出した異邦人の口から、日本の素晴らしさが語られることにより、はじめて日本人は目を覚ますことができるのではないか。

次の第一章から本論に入るが、本書が、読者にとって、日本のほんとうの魅力を発見する一助になることを願っている。

第一章

頂きます【いただきます】

――『ミシュランガイド』が東京を絶賛する理由

日本はなぜ世界でいちばん人気があるのか。このことを考える入り口として、まず「食」について考えてみたい。今や日本は美食天国として世界に認知されている。和食ブームは前から起きていたが、『ミシュランガイド』が東京に世界でいちばん多くの星を付けたことは決定的だった。

では、なぜ『ミシュランガイド』は、東京を高く評価したのだろう。東京が世界一の美食都市である理由を答えるのは容易ではない。確かに、日本人の手先の器用さや、食へのこだわりなどはその要素であることに間違いはないが、その根底には日本食の精神文化があるはずだ。

古(いにしえ)より日本人は、食事することや調理すること自体がすでに神事である、と認識してきた。そして食事をするたびに、手を合わせて大自然の恵みを頂くことに感謝の気持ちを捧げてきた。日本人が食を極めてきたのは、日本文明の力によるものだと私は思う。

『ミシュランガイド』は日本の食を称賛するが、一方で日本食の精神文化は衰退の一途を辿(たど)っている。日本人がかつて隆盛を極めた日本食の精神文化を取り戻したとき、ほんとうに豊かな食の国が甦(よみがえ)るに違いない。

●——東京は世界一の美食都市

『ミシュランガイド東京 ２００８』（二〇〇七年）が発売されると、大きな話題となった半面、日本ではどことなく冷めた空気もあった。『ニューヨーク・タイムズ』は「Michelin Gives Stars, but Tokyo Turns Up Nose」（ミシュランは星を与えたが、東京は軽く鼻であしらった）と伝えた。

だが、本はよく売れたようである。発売口に九万部売れたのは、ミシュランの歴史上初の快挙だったという。しかし、東京版の発売で最も強い衝撃が走ったのは欧州だった。なぜなら、星付きの店の数は二〇〇八年版東京が一五〇軒で、同年版パリの七四軒の二倍以上に上り、総星数でも東京が他を圧倒したからである。

すべての地域において格付けの基準は同一というのがミシュランガイドの建前であるから、彼らの価値観によれば、二位のパリを大きく引き離したことにより、東京は世界一の美食都市としての地位を確立したことになる。そして、その地位は当分揺るぐ気配がない。

しかも『ミシュランガイド東京 ２０１０』（二〇〇九年）では、東京の三つ星が一一軒となり、はじめて同年版パリの一〇軒を上回った。これにより、東京は総軒数、総星数だけでなく、三つ星の軒数までも世界最多となった。

『ミシュランガイド』第六代社長のジャン・リュック・ナレ氏は、韓国の『中央日報』のインタビューで、東京が高い評価になった理由を次のように述べた。日本の飲食店について実に的確な考察をしているので注目に値する。また、このインタビューは韓国の媒体に対するもので、日本に媚(こ)びる意図はないと思われる。

パリを美食家の都市というが、東京は驚くほど素晴らしい飲食店が多かった。多くの人々が料理を楽しんでいるからだ。日本料理はクオリティーも素晴らしい。シェフのレベルもどの都市より高く、何よりシェフ固有の技術がよく伝授されていた。数世代、数百年かけて伝えられる技術と伝統は追跡が難しい。特に私が高く評価したのは専門性だ。パリの日本飲食店に行けば、寿司、刺し身、焼き鳥などメニューがたくさんある。このため日本でもそうだと思っていたが、私が行った飲食店はほとんど寿司店、刺し身店、焼き鳥店、うどん店など専門店に細分化されていた。非常に印象的だった。こうした特性から日本の飲食店の相当数は誰も追いつけない専門性を確保していた。当然、いい評価につながる。

	三つ星	二つ星	一つ星	総軒数	総星数
08年版東京	8軒	25軒	117軒	150軒	191個
09年版東京	9軒	36軒	128軒	173軒	227個
10年版東京	11軒	42軒	144軒	197軒	261個
08年版パリ	9軒	15軒	50軒	74軒	107個
09年版パリ	10軒	15軒	55軒	80軒	115個
10年版パリ	10軒	14軒	53軒	77軒	111個

『ミシュランガイド』東京版とパリ版の比較

ナレ氏が日本の飲食店の専門性について言及したことは興味深い。ちなみに、このインタビューで同氏は、韓国のシェフについて「まだ国際的なレベルには達していないようだ」と述べ、『ミシュランガイド・ソウル版』の計画は今のところないと語っている。

『ミシュランガイド』は、パリ万博があった一九〇〇年にタイヤメーカーのミシュラン社が創刊したドライバー向けのガイドブックから始まった。その後、レストランに星を付けて評価する方式が導入され、その調査の匿名性、評価の公平性や妥当性などから、ミシュランの格付けはフランスの美食家たちにとって、最も信頼のおける指標となった。そして、その対象地域は欧州各地に広がり、欧州以外では、ニューヨーク、東京、香港をはじめ多くの地域版が発売されている。現在、『ミシュランガイド』はレストランガイドとしては世界的に不動の地位を得て、世界で毎年約一〇〇万部が販売されている。

パリの美食家たちが受けた衝撃

『ミシュランガイド東京』の発売で最も大きな衝撃を受けたのは、あるいはパリの美食家たちだったかもしれない。なぜなら、世界屈指の美食家と評されるパリジャンにとって、美食天国のパリの地位が東京に奪われたというのは、聞き逃すことができないニュースに違いないからだ。しかも、東京が世界最多の星を獲得しただけでなく、日本人はそれを「軽く鼻であしらった」というのだから、彼らが卒倒してもおかしくない。

パリジャンの気持ちを理解するためには、まずミシュランの地位を知る必要があろう。フランスにおけるミシュランは絶対的ともいえるもので、ミシュランを「軽く鼻であしらう」フランス人など、そういるものではない。

ミシュランの格付けはフランス人が最も信頼する基準であり、フランスでは星が一つ付くたびに三〇パーセントずつ売り上げが上がるともいわれている。したがって、レストラン経営者にとって、星が付くかどうか、またいくつ付くかは経営上、重要な要素となる。逆に、降格になれば追い討ち的に酷評されることも覚悟しなくてはいけない。しかも、ミシュランの星の数は店に対する銀行の融資枠にも影響を与える可能性があるというのだ。レストランガイドの評価が融資枠を直接左右するなど、およそ日本では想像もつかない。あまつさえ、フランスでは星が減るとの噂が立って自殺したシェフまでいたという。フランスのシェフにとって三つ星を獲得することは、最高の栄誉なのである。

筆者の経験によると、パリの『ミシュランガイド』はパリジャンの基準となっているだけあって、至極納得のいく評価をしている。今年フランスを訪れた際には往年の名店である「ル・サンク」(二つ星)と「エスパドン」(二つ星)、新興の「アガペ」(〇九年版ではじめて一つ星獲得)、そして地方ではアヌシーの「ラ・シブレット」(一つ星)に足を運んだ。フランスで星付きの店に行って裏切られることは、まずないといってよいだろう。星なしには星なしの、星ありには星ありの明確な理由があるように思う。大御所には安定感、そして、近年星が付いた店には躍動感が感じられた。

東京版の評価には賛否両論あり、筆者にも納得のいかない点がある。しかし、東京版はまだ始まったばかりであるため、これも致し方なかろう。精度を高めるには一定の時間を要すると思われる。今後に期待したい。東京版はともかく、少なくともフランス版は百年以上の歴史を刻んでいるだけあって、かなり完成度の高いガイドになっていることは確かだ。

●――東京の飲食店数はパリの一二倍

それにしても『ミシュランガイド』で東京が最も多くの星を獲得したことは、意義深いことではないか。というのも、東京がパリを上回る美食都市であることは、私の目にはむしろ当然に思える。東京が世界一の美食都市に「なった」のではなく、欧州人がようやくその事実に「気付いた」と表現するのが正しいのではないか。

東京が美食都市であることは、ミシュランの星の数だけではなく、飲食店そのものの数からも窺える。都市にある飲食店の数は、パリが一万三〇〇〇軒、ニューヨークが二万五〇〇〇軒であるのに対し、東京は一六万軒に上る。

二〇一〇年版の東京では、星が付いた一九七軒のうち、実に一三二軒が日本料理店だったことから見ると、ミシュランが東京を世界一の美食都市としたのは、日本食が高く評価された結果だと思われる。

そして、その日本食は、前出のナレ氏のインタビュー記事にあったとおり、専門性が追究されて専門店に細分化されている。このことは日本人であればなにも特別なことではないが、欧米人にとっては目が眩むような未知の世界に違いない。

確かに、フランス料理、イタリア料理、中華料理など、いずれも多彩な料理文化を持っている。しかし、たとえばフランス料理店はどこまでいっても「フランス料理店」なのであって、店によって名物料理や得意料理があったとしても、専門店に細分化されることはない。専門店といえばパリの「トゥール・ダルジャン」(一つ星)が鴨料理を専門的に出している程度で、フランスにはそのような専門店はほとんどなく、フランス以外の国でも同様で、日本のように高度に専門店に細分化された料理文化を持つ国は、他に存在しない。

これには、日本の食材、特に魚の種類の豊富さも大いに関係していると思われる。食材の種類が少ないと料理の種類もおのずと限定されるからだ。英国料理、ドイツ料理、オランダ料理、スイス料理などは種類が少なく、日本人だったら数日で飽きてしまうに違いない。まして米国には料理文化はないといっても差し支えなかろう。

しかし、それらはまだ良い方だ。アラブの料理の種類の少なさは、米国人ですら驚くほどだ。ドバイのような特殊な都市は例外としても、およそアラブ世界では地元の料理しか口にできない地域が多い。しかも、気候条件が厳しく野菜が高価なため、おのずと料理の種類は限定されてくる。筆者はイラク滞在中に毎日、地元の名士に食事に招待されたが、どこに食べに行っても種類の少ない同じ料理しか出てこなかった。イエメンはさらにひどく、豆を煮込んだものを食べる他に選択肢はなかった。

●――幅が広く、洗練された日本食

ところが、日本料理は多様である。まず、千二百年以上都であった京都には洗練された日本料理の文化が積み上げられ、特に京料理と呼ばれている。他にも日本各地に独特な地方料理がある。また、給仕の形式の違いによって会席料理、懐石料理、割烹料理（板前が客の前で料理する店の形式）、仕出し料理、卓袱料理（大鉢に盛って供する長崎の郷土料理）などに分かれる。

そして、料理の種類ごとに専門店に細分化されている点を挙げればきりがない。たとえば、寿司一つとっても、京寿司、関西寿司、江戸前寿司がある。鍋料理も種類ごとに専門店があり、その種類は、寄せ鍋、ちゃんこ鍋、うどんすき、すっぽん鍋、鶏の水炊き、湯豆腐などいくらでも例示可能だ。また、食材の種類によって専門店が形成される場合もある。ふぐ料理、牛タン料理、まぐろ料理、湯葉料理、豆腐料理、鰻料理、泥鰌料理などがその例である。その他思いつきで並べても、天麩羅、おでん、うどん、そば、お好み焼き（広島風・関西風）、もんじゃ焼き、すきやき、しゃぶしゃぶ、焼き鳥、串揚げ、とんかつ、鉄板焼などは通常、専門店で供されるものであって、その種類は枚挙に遑がない。それ以外にも、鯖寿司、釜めし、牛丼、まぐろ丼、おにぎりなど個別の料理の専門店すら成立する他、有職料理（宮廷料理）や精進料理といった特殊な料理もある。

日本人は何にでもこだわりを持つ性質があるようだ。物事を徹底的に突き詰め、道を究めようとする姿は、料理の世界でも同じで、料理人たちが料理を突き詰めるほど、日本料理は料理ごとに専門化してきた。異邦人が一六万軒の専門店が並ぶ東京の景色を見たら、驚いて当然だろう。

ナレ氏が語った「日本の飲食店の相当数は誰も追いつけない専門性を確保していた」との言葉は意味深い。「誰も追いつけない専門性」とは、一朝一夕に備わるものではない。日本の板前が備える技術は、場合によっては一代ではなく何百年もの間、継承され、代々積み上げられた技術であることもある。

たとえば、京都に店を構えるすっぽん料理の「大市」は、元禄年間から三百年以上、すっぽん鍋だけを作りつづけてきた。すっぽんの先付が出る他は、すっぽん鍋しか出てこない。

また、使われている鍋も何百年も使っているもので、湯を沸かすだけですっぽんスープができるほど使い込んでいるという。そのような伝統に裏打ちされた老舗を前に、いったい誰が二十年や三十年の短い時間でそれ以上のすっぽん鍋を作ることができよう。恐らく大市は世界で最もうまいすっぽん料理を提供しているに違いない。これぞ「誰も追いつけない専門性」というに相応しい。そのような数百年続いている老舗は日本中、特に京都にはいくらでもある。

●——もはやラーメンは日本料理である

ところで「日本料理とは何か」と問われると、これに明確に答えるのは難しい。なぜなら、料理は常に変化しているからである。もともと日本料理は和食を指す言葉だったろう。だが、たとえば天麩羅は十七世紀にポルトガルから伝わったいわば南蛮料理が元であり、また、とんかつは明治時代にオーストリア料理のシュニッツェルに代表されるものを、模して作られたものだった。当時これらは洋食だったが、今では日本料理と呼んで差し支えない。リスボンやウィーンに行っても、日本の天麩羅やとんかつを上回るものはない。原型となった料理はいずれも原型に過ぎず、日本人の手に掛かると、まったく次元の異なる料理に進化するのだ。

これは、カレーライスやラーメンも同様で、もはや完全な日本料理というべきだろう。そもそも中国人はラーメンを一杯食べて食事にするような習慣を持たない。食事の最後に小さな椀の汁入り麺を食べることはあるが、それも日本のラーメンとは似ても似つかないものである。日本には札幌ラーメン、喜多方ラーメン、博多とんこつラーメン、熊本ラーメンなど、日本各地に様々な特徴的なラーメン文化がある。これを知った中国人はみな驚くらしい。

もしかしたら、日本にある韓国式焼き肉も日本料理と呼んでもよいのではないか。韓国で食べる焼き肉はおよそ日本の焼き肉とは形式も質も異なる。韓国では、サムギョプサルやコプチャンなど専門化されているが、日本では一店舗で豊富な種類の肉が上中下の質に区分され、しかも塩、タレ、醤油などを選べる多彩なメニューが用意されていて、形式はかなり異なる。そして、質についていえば、韓国料理は高度な料理文化を形成しているが、こと焼き肉に関しては、どう考えても日本で食べる方がおいしい。和牛の品質は世界の牛肉のなかでも最高品質であるため、牛肉の料理は日本で食べるのがいちばんおいしいに決まっている。

さらにいえば、盛岡で広く普及している盛岡冷麺は、明らかに通常の韓国式冷麺と異なる。韓国や北朝鮮には盛岡冷麺のような食べ物は存在しない。筆者は個人的に盛岡冷麺はかなり美味だと思っている。これもすでに日本料理と呼んで差し支えないだろう。

このように、日本人は世界各国の料理を採り入れ、日本独自のかたちに進化させ、自他共に認める日本料理に昇華させてしまうのである。

●人類の調理の起源は縄文時代にあり

では、なぜ日本人は料理を究めることができたのか。以下、その理由を探っていきたい。まず一つの要素として、日本の縄文人こそ、人類で最初に料理をした人たちであることを指摘する。

何をもって料理とするかは意見が分かれるが、煮る、炊く、蒸すといった調理の基本は土器があってはじめて可能なことであり、ここでは土器を用いることを調理の出発と定義することにしよう。そもそも土器は人類最初の調理器具である。主な用途は汁物の煮炊きと、液体の貯蔵に用いられたと考えられる。先ほどの定義に従えば、人類最初の土器の出現が、すなわち人類の調理の起源にほかならない。

世界最古級の土器が青森県で出土していることは、日本人なら知っておくべきだろう。大(おお)

平山元（だいやまもと）I遺跡出土の土器は、土器に付着した炭化物などを試料にしたAMS法（加速器で炭素一四を直接数える放射性炭素年代測定法の一つで、Accelerator Mass Spectrometry＝加速器質量分析計の略）炭素測定年代のサンゴによる暦年代較正値が、約一万七千年前であったことで、世界最古級の土器であることが判明した。しかも、土器の内側には炭化物が付着していたため、食料の煮炊きに使ったものであることが分かる。これが人類最初の調理の痕（あと）なのである。日本における調理の歴史はフランスや中国のそれより数千年長い。

大平山元Ｉ遺跡出土の土器片

その後何千年も経過してから世界の他の地域でも土器が作られるようになり、それが世界四大文明といわれる、メソポタミア文明、エジプト文明、インダス文明、黄河文明を形成した。土器の出現が文明の出発点であると考えれば、四大文明が成立するはるか前に、日本文明が成立していたことになる。日本人が料理を究めたことと、日本人の先祖が人類で最初に料理をしたことは無関係でないように私には思える。

ところが、水田稲作を始めて農耕社会に移行したのは中国大陸の方が早かった。水田稲作の技術や鉄器を含む道具などは朝鮮半島から伝えられたことからも分かるように、弥生文化は中国大陸と朝鮮半島の影響を強く受けた文化だった。しかしその後、弥生人とその子孫の日本人は、大陸や半島の人たち以上に、米に強いこだわりを持ちつづけることになる。

農耕社会に移行してから二千年以上経過した李氏朝鮮時代、日本の水田面積と稲作技術は、朝鮮半島のそれをはるかに凌駕(りょうが)した。そして現在、日本は世界最高品質の米を生産している。異国から料理を採り入れて、見事な日本料理に進化させた日本人の特質は、古より変わることがなく、稲作に関しても同様だったように思える。米に対するこだわりも、日本人が料理を究めてきた一つの要素であろう。

農耕社会に移行すると、米を中心とする社会が構築され、稲作文化と共に神道が発展した。神道の起源は自然発生的で、縄文時代にその原型はあったと考えられるが、農耕社会と一体になったことで、神道は日本人の生活と心を一つに束ねる役割を果たす。

古来、日本人にとって食事をすること自体が神事だった。食事は神からの賜り物で、料理はいったん神に供え、祈りを捧げてから、お下がりとして頂くものだった。料理そのものがすでに神なのである。したがって食事をすることで、神と人が一体になると考えられてきた。現在の神道に直会(なおらい)としてそのかたちが残っている。直会とは、祭りの後に神前に供えた御饌御酒(みけみき)（神様に差し上げるお食事とお酒）を下げて、頂くことである。

神社では二拝二拍手一拝の作法で参拝するのが通例だが、食前と食後に、食事に向かって一拝一拍手をするのが日本における食事への感謝の作法である。食事は神霊を帯びた御饌のお下がりで、食事そのものを神と考え、それに対して感謝の気持ちを込めて一拝一拍手をする。

そして「いただきます」という言葉は、もともと「あなたの命を頂きます」という意味である。人が生きていくためには、動植物の命を摂取しつづけなくてはならない。日本人は恐らく縄文時代から、食事をするたびにこのように大自然の恵みに感謝してきた。だから、昔から、米を一粒でも食べ残すと目が潰(つぶ)れるといって、子供たちに米を大切にする心を教えてきた。日本人の食事に対する意識は異邦人とはまったく異なるのである。食事を神と考える日本人の感覚も、日本人が料理を究めた一つの要素ではないだろうか。

●──神嘗祭・新嘗祭が終わるまで新米を食べてはいけない

食事をすることが神事なら、稲作と調理も神事である。昔から稲作と神事は一体となっていたことからも理解できよう。

神事と一体となった稲作と調理の姿は、伊勢の神宮の神事に見出すことができる。伊勢の神宮は、内宮と外宮をはじめ、大小一二五のお宮の総称で、天照大御神（伊勢の神宮の内宮に御鎮座になる神様で、天皇の先祖とされる。八百万といわれる神々のなかでも、最も尊い神と考えられている）をお祭りしていて、日本の総氏神ともいわれる御存在で、数あるお宮のなかでも最も尊いものとされる。

神宮では毎年夥しい数の神事が執り行われているが、なかでも毎日朝と夕に二回行われる日別朝夕大御饌祭は、千五百年間一度たりとも途絶えたことがない重要な祭りである。大きな祭りにも重要な意味があるが、このような毎日行われるいちばん小さい祭りにこそ、祭りの原点を見ることができる。

天照大御神の御前に供える大御饌は、前の日からお籠もりをして心身を清浄にした神職たちが、火きり具を使って神聖な火を起こすところから始まり、蒸した米、水、酒、塩そして、海の幸と山の幸が献立として調えられる。神様には間違いのないものを差し上げなくてはならないため、すべての料理は神職の手により御調理される。しかも、すべての食材は自給自足で、神職もしくは代々神宮に食材を納めている人たちの手によって調達される。米は

日別朝夕大御饌祭の参進の様子（外宮、提供：神宮司庁）

稲穂を収穫する抜穂祭（ぬいぼさい）（神宮神田、提供：神宮司庁）

特に重要で、稲籾を蒔くのも、田植えも稲刈りもすべて神主が神事として行う。神様にお供えする御酒も、神職によって醸されたものが用いられる。そして、塩も神事として古来の方法で作られている。

現在、専業農家は、全世帯の一パーセント未満にまで激減したが、農耕社会が定着してから江戸時代末期までの長期間、農業人口は常に八五パーセント以上を占めてきた。稲作が日本人の生活を支えてきたのであり、歴史的に日本人の意識のなかには常に祭りと稲作があった。

日本人にとって最も大切な祭りは、神嘗祭と新嘗祭である。神嘗祭は伊勢の神宮で毎年十月十五日と十六日の深夜に、また新嘗祭は宮中の神嘉殿で毎年十一月二十三日の深夜に行われる。神嘗祭は新穀を天照大御神に捧げる神宮最大の祭典であり、また新嘗祭は天皇陛下が御自らお育てになったその年の新穀を神々に御親供あそばされ、五穀豊穣を神々に奉告される。

明治時代以降、宮中で重要な祭祀が行われる日は、文字どおり祭日とされてきた。戦後、新嘗祭が行われる日は「勤労感謝の日」という名称の国民の祝日になったため、祭りの本来の意味は忘れられつつあるが、この日は単に勤労に対して感謝する日ではない。

新嘗祭は天皇陛下が新穀を神々に御親供あそばされる日であるから、国民はそれまで新米を食べてはいけないのである。近年は早く新米を食べるのが贅沢であるかのように思われているが、本来そのようなものではない。新嘗祭の翌朝に家族全員で神に五穀豊穣を感謝し、揃って新米を口にするのが美しい日本人の姿なのではないか。

本来、新嘗祭は旧暦の十一月に行われるものだが、明治時代の改暦後も十一月のままにしたため、約一カ月早い時期に行われることになってしまった。祭祀は旧暦により行われるべきだと筆者は思うが、旧暦の新嘗祭まで新米を食べないのは難しいという人も多いことだろう。せめて新暦十月十五日の神嘗祭までは新米を食べない習慣を身につけてほしいと思う。

愛媛県松山市に飲食店八店舗を展開するハッピーダイニング（宇都宮貞史社長）は、一日一五〇〇膳から三〇〇〇膳の仕出しを担う系列会社を含めて、新嘗祭翌日までは決して新米を使用しないように徹底しているという。このような企業が増えれば、失われた日本の姿は取り戻せるのではないだろうか。

●――なぜ天皇の昼食は毎日「鯛」だったのか

日本において食事とは、それ自体が意味深いものである。料理方法や食材に意味を見出し、たとえば年越し、正月、ひな祭り、端午の節句、その他様々な年中行事ごとに、食べるものがある。そして、それらにはすべて意味があり、昔から日本人は、いつ何を食べると長生きするとか、病気にならないとか、そのような言い伝えを信じ、楽しみながら豊かな一年を過ごしていた。

めでたい食事の究極は歴史的な天皇の昼食に見出すことができる。天皇の昼御膳は毎日「鯛」の塩焼きだった。明治以降この習慣はなくなったが、幕末まで長い間続けられてきた。しかも、その鯛の大きさは目の下一尺（約三〇センチメートル）と決められていた。かなり大ぶりの鯛である。

鯛の塩焼きは、白木の三方（さんぼう）（神社で神饌などを神様に差し上げるときに用いる台）に載せて天皇の前に運ばれた。その様子は、神社で神主が神に御饌をお供えするのと似ている。「天皇の前に鯛をお供えする」と考えた方が分かりやすいだろう。

では、なぜ天皇の昼御膳は毎日鯛だったのか。それは決して贅沢のためではない。鯛が「めでたい魚」だからである。鯛を食べることがすでに吉事と考えられていた。つまり、天皇の周辺は常にお正月状態であることが強制されていたのであって、天皇には毎日鯛をお召し上がりいただくことが義務付けられていたことになる。古来、日本人は毎日天皇の御前に鯛を供すことで、日本全体に幸せが行き渡る、と本気で信じていた。

そして、宮中に限らず家庭でも、縁起の良い日に縁起の良いものを食べると幸せになる、と信じられていた。このように、料理方法や食材に意味を持たせることで、おのずと日本料理は豊かなものになった。

●――米離れは食文化の衰退を招く

ところが一方で、近年の日本の食料自給率の低さは異常である。もはや独立国としての体(てい)をなさぬほどの低水準というべきだ。稲作は日本の気候風土に合っているだけでなく、日本の食文化は米を中心に形成されているにもかかわらず、現代の日本人はかつてほど米を食べなくなってしまった。これに対処するなら「日本人なら米を食え」のひと言に尽きる。

もし米国人が毎朝、日本の米を食べるようになったら、米国の農業政策と食糧安全保障は崩壊するだろう。日本はそれと同じ愚行を犯している。「コメは自給している」というが、食べなくなった米を自給しているだけであり、かつてのように本格的に米を食べはじめたらとても自給できはしない。日本人であれば、日本で採れた穀物を主食とすべきではないか。日本で採れない穀物を多く食べることは非効率であり、国力を低下させる。

それに、米を中心とする和食はバランスの取れた健康食であることを忘れてはいけない。米は穀類のなかでも人体を構成するのに必要な必須アミノ酸の種類と量を含んでいる。白米と味噌汁を摂取するだけで、カロリーとタンパク質をバランス良く補うことができる。その米を食べなくなることで日本人は健康を損(そこ)ねてきた。

しかし、米離れのほんとうの問題は、食文化の衰退を招くことではないだろうか。日本の食文化は米を中心に形成されているため、米離れは日本社会の様々なところに歪(ひずみ)を生じさせる。『ミシュランガイド』は日本の食を称賛するが、一方で日本食の精神文化は衰退の一途を辿っている。現代日本で家族の絆が崩壊の危機にあるのも、また民族の団結心が薄れているのも、米離れと関係があるように思えてならない。

家族とは竈(かまど)を共にする親族集団であり、「同じ釜の飯を食う」と表現されるように、共食は家族の結束を強めることになるはずだ。しかも、食文化を共有することは民族の絆を強化することにもなる。天皇と国民は米によってつながり、日本人同士も米によってつながるのである。

やはり、日本人は米をもっと食べなくてはいけない。日本人が日本食の価値を再発見すれば、ほんとうに豊かな日本食の精神文化を取り戻せるに違いない。

●——異邦人は日本のほんとうの美味をまだ知らない

それを現実のものにするためには、まず日本人自身が日本の価値を知らなくてはならないが、異邦人が評価することでその価値に気付かされることは往々にしてある。しかし、日本の食文化のほんとうの価値を異邦人たちはまだ知らない。

究極の美食都市は東京ではなく、京都だと私は思う。千二百年間都だったことは、京都がどこよりも洗練された文化を持つゆえんである。一方、外国料理のおいしさといえば東京だろう。

先日友人の招きで「ル・マンジュ・トゥー」(二つ星)でフランス料理を頂いた。東京にある数多くのフランス料理店のなかでも抜きん出ている。私は異国で食べる日本料理のまずさにいつも落胆させられてきただけあって、異邦人である日本人が、フランス人に称賛されるフランス料理を作ることは、並大抵のことではないと思う。それどころか谷昇シェフの料理には「日本人がフランス料理を作ったらこうなる」と、パリの美食家を圧倒するような勢いを感じた。

将来日本のシェフは、フランス料理界を乗っ取るほど世界で活躍するのではないか。いや、すでにそうなっているのかもしれない。私は谷シェフの料理を頂きながら、かつて「ジョージアンクラブ」(〇八年版＝一つ星) を経営していた吉村隆郎氏が、目黒の住宅街にある、とある寿司屋の名店に招待したときに語っていた言葉を思い出した。

「私の知る限り、この店の親方ほど完成度の高い仕事をしている料理人は、フランスやイタリアには一人もいない」

フランス中のフランス料理を食べ尽くし、自らもフランス人の認める店を営んでいた吉村氏がそのように語ったことは驚きだった。そして、その目黒の寿司屋は一見(いちげん)さんを一切受け入れない店であるから、『ミシュランガイド』に掲載されるはずもない。このようなミシュランに載らない隠れた名店は、日本には他にいくらでもある。日本の食はかくも奥深い。日本人が、日本食の精神文化を共有していくことができれば、日本の誇りを取り戻すことにつながるだろう。

第二章

匠【たくみ】

——世界が愛する日本のモノづくり

私は大学時代に、バックパックを背負って、アジア・アラブ諸国を旅するとき、いつも路上で配っているポケットティッシュと一〇〇円のボールペンを大量に持参した。何か困ったり、人に何かを頼んだりするときに、プレゼントするとたいへん喜んでくれるからだ。

中国で同じ船に乗り合わせて知り合いになった人にティッシュをあげたところ、「日本の製品は無駄がなくて機能的でほんとうに素晴らしい。家に持ち帰って家宝にする」とまでいってくれた。ティッシュ一つでそこまで感謝されて、なんだか不思議な気持ちになったものだ。

また、思いもよらぬところで日本製品に出会ったときの喜びは、旅の不安を払拭してくれるものがある。イエメンで、町中の車がことごとく何十年も乗り込んだ日本の中古車だったのには驚いた。アラブの最貧国といわれ、長年鎖国を続けているうえに、頻繁に内乱が起きる国で、九割方の車が日本車だとは思わなかったからだ。日本の製品は日本人が思っている以上に、世界の人々に愛されている。

日本には多くの特徴があるが、「モノづくり」の国としての側面は、日本人が世界一人気がある理由を考えるうえで、決して避けて通ることはできないと思う。モノづくりを主題に、日本人の気質と日本の底力について考えてみたい。

●——イラクの高速道路は日本製

世界を旅していると、思いもよらぬ場所で日本人が造った構造物に出会うことがある。特に印象的だったのが、イラク戦争開戦まで一カ月を切った平成十五年（二〇〇三）二月に、サダム・フセイン大統領の招きでイラクを訪れたときのことだった。そのとき、すでにイラクの制空権は米軍の手に落ち、バグダッド空港へ民間機は飛べない状況にあった。いつ米軍が攻撃を開始してもおかしくないなか、私たちはヨルダンの首都アンマンで車を借りきり、陸路でバグダッドを目指した。アンマンからバグダッドの間には広大なシリア砂漠が横たわっていて、一〇〇〇キロメートルを超える砂漠の道を走破しなくてはいけない。

イラン・イラク戦争や湾岸戦争を経て、国家は疲弊し、インフラはほとんど整備されていないものだと考えていたため、当初私は、ヨルダンから国境を越えてイラクに入ると、砂漠の荒れた道を走るものと思っていた。だが、その予想はまったく外れた。三六〇度見渡す限りの砂漠に、整備の行き届いた、起伏一つない、まったく平坦な高速道路が、まっすぐにどこまでも続いていたのである。

山賊に襲われる危険を避けるため、我々の車は時速二〇〇キロメートル以上で走行した。

そのため、小さな起伏でも天井に頭を打つほど車体が飛び上がる。現にヨルダン側の道路は整備が悪く、よく車体が宙に浮いた。ところがどうしたわけか、国境を越えてイラクに入った途端に道が良くなった。

高速でも振動はほとんど伝わらず、その走りはおよそ飛行機の滑走のようだった。それもそのはず、ヨルダン国境からバグダッドに延びる国道一〇号線は、有事に戦闘機を離発着させることを想定して造られていたのである。そして、その砂漠の道路は、一九八〇年代に日本の丸紅が建設したというのだ。これですべてが腑に落ちた。

日本で道路を造るのと違い、辺境のシリア砂漠の真ん中に、これほど立派な高速道路を完成させるにはたいへんな苦労があったに違いない。丸紅の元社員の話によると、この道路の建設では予算が大幅に膨れ上がったが、それでも手抜き工事は一切しなかったという。

私がイラクを訪問したとき、すでに日本の外務省はイラクの危険度を最高位まで引き上げ、渡航自粛勧告を発していた。砂漠の真ん中で日本製の道路と出会い、いつ戦場と化すかも知れない危険地帯を移動する緊張感が、少しほぐれたような気がした。

そのような、工事に手抜きをしない日本人の仕事ぶりは、カンボジアでも見ることができた。内乱が終息してから一気に復興を遂げるカンボジアには、世界各国からODAが割り当てられ、特にここ十年ほどは建設ラッシュの様相を呈している。道路や橋などは優先度の高い社会インフラとして、各国が整備を進めているが、日本が造った道はすぐに分かるのだ。車で地方を視察するときに、揺れの少ない良い道だと思っていると、日本の国旗が表示されていて、日本のODAで整備された道であることを知る機会が何度もあった。

●台湾に造られた東洋一のダム

このように、日本人が異国でなした仕事は山ほどあるが、戦後ばかりでなく、戦前の仕事にも注目したい。それには、台湾中部の嘉南平野にある烏山頭ダムを外して語ることはできまい。

今の日本には知る人も少ないが、現在でも台湾の歴史の教科書に登場し、台湾人であれば誰でも知っている日本人がいる。日本統治時代の台湾で、大正期から昭和期にかけて農業水利事業に大きな貢献をした技術者、八田與一である。八田は広大な嘉南平野が常に旱魃の危機にさらされていることを改善するために、巨大ダムの建設を計画し、予算を取り付けることに成功した。大正九年（一九二〇）に着工し、昭和五年（一九三〇）に竣工した烏山頭ダムは、当時世界最大のダムで、有効貯水量が一億五〇〇〇万立方メートル、嘉南平野一帯に張り巡らされた水路は一万六〇〇〇キロメートルに及び、それらの水利施設は現在でも稼働している。

嘉南平野は北回帰線上に位置するが、世界における北回帰線上の地域はほとんどが砂漠になっている。ところが、八田が烏山頭ダムと灌漑(かんがい)用水を完成させてから、嘉南平野の米の収穫高は短期間で三〇万トンから一八〇万トンに急増し、現在では一大穀倉地帯となっていて、見渡す限りの農地が続いている。

これほどの事業を成し遂げた八田の墓は、八田が手がけた烏山頭ダムを見渡せる高台にあり、毎年五月八日の命日には、日本と台湾各地から数百もの人が訪れ、夥しい数の花が捧げられる。平成二十年（二〇〇八）と同二十一年（二〇〇九）の命日には馬英九総統も献花に訪れ、八田を称える演説をしている。また、平成二十二年（二〇一〇）に行われた六八回目の命日には総統の姿はなかったものの、閣僚の姿があった。台湾において毎年命日に総統や閣僚が欠かさず参列するのは、日本人で八田以外にはないだろう。

八田與一の墓の近くには、生前に地元の農民の提案によって作られた八田の銅像がある。権威主義を嫌った八田は当初、銅像の製作に反対だった。だが、足を崩して座り、八田が何か考えごとをするときの癖だった、髪の毛を指で回す仕草の銅像の計画を立てたところ、八

烏山頭ダム（著者撮影）

八田與一の銅像（著者撮影）

田の了解を得ることができ、生前に銅像が作られた。

その後、大戦中に金属の供出を求められた時期と、大戦終結後の日台関係が冷えきった時期に銅像が取り壊される危機を迎えたが、いずれも銅像は農民の手によって隠し通され、終戦から三十六年が経過した昭和五十六年（一九八一）になってようやく元の場所に戻された。

これほど八田が地元の農民に愛されたのは、八田が卓越した能力を発揮して、歴史に残る水利計画を完成させたのみならず、八田の人柄によるところが大きいのではないだろうか。烏山頭ダムの工事期間中、八田は総督府を退職し、現場監督となり、地元の人々と寝起きを共にして働き、労働環境の改善に尽力したことが知られている。日本人と台湾人に平等に接した八田は地元の人々に慕われ、やがては「神を崇(あが)める」と表現してもよいほど、地元の人々に大切にされる存在になったのである。

烏山頭ダムのすぐ近くには、建設工事で命を落とした作業員たちの慰霊碑があり、全員の名前が刻まれている。私はその慰霊碑を見て日本人と台湾人の名前が交互に分け隔てなく表示されていることに気付いて驚いた。日本統治時代の台湾において、日本人の心にはどうしても台湾人を差別的に見る意識があったに違いない。それにもかかわらず、日本人と台湾人を区別せずに慰霊したのは、最大限に台湾人を尊重した八田の考え方によるものだったという。

しかも、多くの日本人が殉職していることも衝撃的だった。八田は台湾人のみならず、日本人をも危険な作業に従事させ、自らも率先してそれを行ったと伝えられる。地元の人々に愛された八田技師の人柄は、心の荒んだ今の時代にこそ、学ぶことが多いのではないだろうか。

八田はダムを完成させると再び台湾総督府に復帰するが、大東亜戦争中の昭和十七年（一九四二）五月八日、調査のため長崎からフィリピンに向かう途中、乗っていた輸送船が五島列島付近で米国潜水艦の攻撃を受けて沈没し、五十六歳の生涯を閉じた。遺された妻の外代樹は、昭和二十年（一九四五）九月一日、八田の後を追って烏山頭ダムの放水口に身を投げて命を絶った。地元の人々は、今も外代樹が人柱となってダムを守っていると信じている。

現在でも台湾で八田夫妻が慕われていることは、日本と台湾の友好の歴史を象徴するものではなかろうか。それにしても、日本で八田のことがあまり知られていないのは残念でならない。本来ならばこのようなことこそ、教科書で教えるべきである。

馬英九総統率いる台湾政府は、烏山頭ダム周辺の文化事業など、八田技師を通じた対日友好政策を積極的に進めている。台湾政府だけでなく、日本政府も八田技師の歴史的意義を再認識し、日台友好のために最大限の努力をすべきだろう。また、私は、烏山頭ダムが台湾で最初のユネスコの世界遺産に登録されることを願っている。もし、日本政府がそのために協力ができたなら、日台の友好はますます強靱なものとなるに違いない。日台友好は東アジア平和の基礎である。日台友好の柱を現在に遺してくれた八田技師に感謝申し上げたい。

●強制労働でも手抜きをしない日本人の仕事ぶり

このように、日本人は手抜きをせずに、完成度の高い仕事を成し遂げることを美徳としてきた。しかし、私はウズベキスタンを旅したときに、日本人のその気質が、強制労働であっても遺憾なく発揮されてきたことを知り、驚愕した。

ウズベキスタンは、中央アジアに位置する旧ソビエト連邦の共和国で、北はカザフスタン、南はトルクメニスタン、アフガニスタンと国境を接している。世界には海と接していない「内陸国」が四三カ国あるが、そのうち、国境を接するすべての国が内陸国である国、すなわち、国境を少なくとも二回越えないと海に辿り着かない国を「二重内陸国」といい、世界中で、リヒテンシュタインとウズベキスタンの二カ国しかない。四方を海に囲まれている我が国とはまったく正反対の地理的環境にあり、ウズベキスタンはおよそ世界の国々と隔絶された位置にあり、「辺境の地」というに相応しい。

ナヴォイ劇場

私は、首都のタシュケントを訪れたとき、中央アジア最大のオペラ・バレエ劇場である、ナヴォイ劇場を見学する機会を得た。ナヴォイ劇場は、およそ二年の工事を経て昭和二十二年（一九四七）に完成した、一五〇〇人を収容できる煉瓦造り三階建ての劇場で、この建設工事を担当したのが、シベリアに抑留され強制労働をさせられた日本人だったというのだ。

大東亜戦争末期に、外地にいた約六五万人の日本人がソ連に強制的に連行され、強制労働をさせられた「シベリア抑留」はよく知られるが、日本人の抑留者が中央アジアまで連行されていたことはあまり知られていない。

ウズベキスタンに連行された約二万五〇〇〇人の抑留者たちは、過酷な労働を強いられ、道路、工場、運河、炭鉱、発電所、学校などの社会基盤の建設にあたった。厳しい気候条件、十分な食事を与えられない厳しい収容所生活、そして就労させられた危険な仕事などの結果、病気や事故などで八一三人の日本人抑留者がウズベキスタンの地で命を落とした。

ナヴォイ劇場の建設には約五〇〇人の抑留者が充てられ、そのうち約六〇人が事故などで亡くなったと伝えられている。この数字から、どれだけ過酷な環境であったか想像することができるだろう。

しかし、日本人の抑留者たちは、そのような理不尽かつ非人道的な状況のなかであっても、手抜き一つすることはなかった。シベリアに連行された日本人には、旧満鉄や建設会社の技術者、そして関東軍の工兵たちなど、いわば最先端の技術者が多く含まれていた。彼らは戦争に敗れても日本人としての誇りを捨てることなく、丁寧な仕事をして、見事な劇場を完成させたのだった。入り口の天井付近などには細かい彫刻や模様があしらわれているが、それらも手先が器用で細かい作業を得意とする、日本人の技術者が作ったものである。

●——抑留者たちが遺してくれた友好の絆

そのような日本人の丁寧で真面目に働く姿を目の当たりにした市民たちは、尊敬と畏敬の念を抱き、見るに見かねて食料を差し入れた者もいたという。そして、その様子はいまだに語り草になっていて、私はタシュケント滞在中に何人かの市民から同様の話を聞かされた。日本人の態度は正々堂々としていて、待遇改善を訴えてばかりいたドイツ人捕虜たちとは異なっていたようだ。

しかし、一九六六年四月、タシュケントを震源とする大地震が起き、市内では震度八を記録し、建物のおよそ三分の二が倒壊した。ところが、当時築十八年を迎えたナヴォイ劇場はまったくの無傷で、見渡す限りの瓦礫（がれき）の山のなかで、凜（りん）と輝いていたという。これを見たタシュケントの市民は、完成度の高い仕事を成し遂げた日本人抑留者たちのことをあらためて称えた。中央アジアのなかでもウズベキスタンの親日の度合が抜きん出ているのは、抑留者たちのおかげなのかもしれない。

通訳をしてくれた地元の大学生は、母親から「日本人のような真面目な人になりなさい」と教えられて育ち、日本を夢見て日本語を学びはじめたという。そして、日本とウズベキスタンの友好の架け橋になるのが夢だと語ってくれた。

ソ連邦崩壊後の一九九六年、独立したウズベキスタンのカリモフ大統領は、ナヴォイ劇場に日本人抑留者の功績を称えたプレートを掲げた。そこには「一九四五年から四六年にかけて極東から強制移住させられた数百人の日本人がこの劇場の建設に参加し、その完成に貢献した」とウズベク語、日本語、英語で書かれている。

平成十八年（二〇〇六）八月三十日、ウズベキスタンを訪問した当時の小泉純一郎総理が、タシュケント市内の日本人死亡者慰霊碑と日本人抑留者記念碑を訪れて献花し、ナヴォイ劇場を訪問し「先人たちの遺産に目を細めた」という報道があった。祖国生還の夢叶わず辺境の地に斃れたる方々に哀悼の意を表したい。抑留者たちは日本とウズベキスタンの友好の絆を今に遺してくれたのではないか。今に生きる我々は、その絆を大切に育んでいかなくてはならないだろう。彼らが造ったナヴォイ劇場をはじめ、道路や工場などは、その多くが今でも使用されている。

私は、最後まで日本人の誇りを失わずに建設に従事した日本人抑留者たちの気持ちに触れようと、ナヴォイ劇場の階段の手すりに額を付けてみた。「気付いてくれてありがとう」という声が聞こえたような気がした。

●──旧石器時代と縄文時代に見る日本の技術の芽生え

これまで、筆者が目の当たりにしてきた「異国で見る日本のすごい構造物」を紹介してきた。しかし、それらは他にも枚挙に遑がなく、それだけで一冊の本が書けてしまうほどあるかもしれない。

日本人は、他国がとても真似できない究極の製品を作り上げることがよくあるが、それは戦後に限ったことではない。日本人のモノづくりの源流を探っていくと、最終的には旧石器時代にまで時間を遡ることになる。

旧石器時代とは土器が出現する前の時代で、日本列島では約一万七千年前より以前がこの時代に該当する。日本列島に日本人類文化の芽生えを見出すことができるのは、後期旧石器時代初頭の約三万五千年前の局部磨製石斧の出現まで遡らなくてはならない。

局部磨製石斧とは、刃先を研磨した石斧のことで、狩猟や木の伐採その他様々な目的に用いられたと考えられている。最初の発見は群馬県岩宿遺跡で、長野県日向林B遺跡では六〇点、同貫ノ木遺跡では五五点の大量の出土があった他、全国一〇〇以上の遺跡から発見されている。

世界の常識からいうと、打製石器普及後に磨製石器が出現するものだが、日本ではなぜか最も古い年代の石器が磨製石器であり、その理由はいまだに謎とされる。そして、日本各地の遺跡で発見されたこの時代の多くの局部磨製石斧は、現在のところ世界最古の磨製石器とされている。今後、もし他の地域で、より早い年代の磨製石器が出土しなければ、磨製石器は日本列島が発祥であることになろう。

また、局部磨製石斧出現の少し後の約三万年前ごろになると、ナイフ形石器が日本列島に出現するが、これは大陸や他の地域には見られない特殊な形の石器で、磨製石器と並んで、日本列島の独自の文化と見ることができる。ただし、旧石器時代についてはまだ不明な点が多く、今後の研究によって塗り替えられる可能性がある。特に、日本列島ではまだ四万年前以前の石器の出土の例はない。

このように、日本人の先祖である旧石器時代人は、早くも約三万年前から最先端の石器を製作する技術を持った集団だったことが想定されるのである。そこに、日本人のモノづくりの起源を見出すことができるのではないか。

続けて日本列島における世界的な出来事といえば、人類最初の土器の出現をおいて他にない。縄文時代は文字どおり縄文土器の出現をもってその時代の始まりと定義される。しかし、近年日本最古の土器の生まれた時期が大幅に上方修正されたことで、縄文時代の始まりが何千年も遡ることになった。

前章で述べたように、日本最古の土器は青森県の大平山元Ⅰ遺跡出土の縄文土器で、土器に付着した炭化物などを試料に行ったAMS法炭素測定年代のサンゴによる暦年代較正値が、約一・七万年前（一万六千六百六十プラスマイナス百五十年前）であった。この測定の結果、土器の出現がこれまで考えられていた時期より約四千年遡ったことになる。そして、この土器は今のところ、世界最古級の土器である。

メソポタミア、エジプト、インダス、中国黄河などを世界四大文明などと呼ぶ場合があるが、世界最古級の土器が日本であるなら、日本こそ世界最古の文明の一つであると定義されるべきではなかろうか。

●お箸の起源はほんとうに中国なのか

どちらかといえば、日本の文化の多くは大陸文化が朝鮮半島経由で流入したものが多いと考えられているため、世界人類のなかで最初の磨製石器と土器が日本のものであると聞いて驚く人は多いだろう。確かに、稲作や金属器の製造など、日本が大陸や半島から学んだものは多く、日本人が愛用してきた漢字も、文字のなかった時代に大陸から教えられたものに違いない。しかし、日本独自の技術があるだけでなく、外来の文化の多くは、日本人の手によって、極めて高い水準にまで引き上げられてきた。

そして、大陸から学んだとされるもののなかに、お箸も含まれる。お箸は当然、中国のものであって、文化先進国の中国から日本に伝わったものと考えられているようだ。

箸文化については、三世紀から七世紀の間に中国から日本に伝わったものであるというのが通説となっていて、仏教が伝わったことで、中国文化を意識して積極的に採り入れたものだと考えられている。縄文時代以前には日本にお箸はなかったというのが考古学者たちのほとんど一致した意見だという。これについて若干の考察を加えておきたい。

中国大陸における最初の箸は黄河中原地域の殷墟(いんきょ)から出土したものとされる。殷墟は、紀元前十八世紀ごろから紀元前十一世紀ごろまで栄えた殷王朝の遺跡で、河南(かなん)省安陽県殷墟侯家庄西北岡一〇〇五墓から、木の柄を付けた銅箸六本（三双）が出土した。これら最初のものは食具ではなく、祭器であると考えられている。

紀元前十一世紀から前六世紀の間の、黄河流域の日常生活に関する歌謡三〇五篇を集めた中国最古の詩集『詩経』に、「箸」の字が一度も用いられていないことから、殷代末までに箸食の文化が成立していなかったことが分かる。

その後の時代のものとしては、雲南省祥雲県の大波那から、春秋時代中期の銅箸二対が出土し、続けて、安徽(あんき)省貴池（揚子江下流）から春秋時代晩期の竹箸、そして、湖北省（揚子江中流域）から前漢早期の竹箸が出土した。戦国時代になると、食事時の箸使用に関する記事が、諸文献に見られるようになる。よって、中国における箸の使用が始まったのは、春秋時代から戦国時代初期にかけての時期、すなわち、紀元前四〇〇年前後ではないかといわれている。本格的に普及するのは後漢以降であろう。

一方、日本における箸については、小野妹子（おののいもこ）が推古天皇十六年（六〇八）に隋から帰国した後、同行した隋使を宮中でもてなすために、中国式に箸と匙（さじ）を用意したのが、公式に箸を用いた最初であるとされる。その後、六世紀から七世紀にかけて箸食文化が日本にもたらされたというのが定説となっている。

以上、中国と日本における定説によれば、日本における箸食文化は、中国から輸入したものであり、日本人は中国に約千年遅れて箸を使いはじめたことになる。

しかし、古代の日本人が「箸」という中国の文字に「はし」という訓読みを充てたということは、中国から文字が輸入された時点において、すでに日本には食具の「はし」が存在していたことを示すのではないのか。もし、もともと日本に食具の「はし」がなければ、その和名は存在しているはずがないからである。

しかも、現在日常の食事に箸を使っている国々の範囲は、中国、朝鮮半島、日本、ベトナ

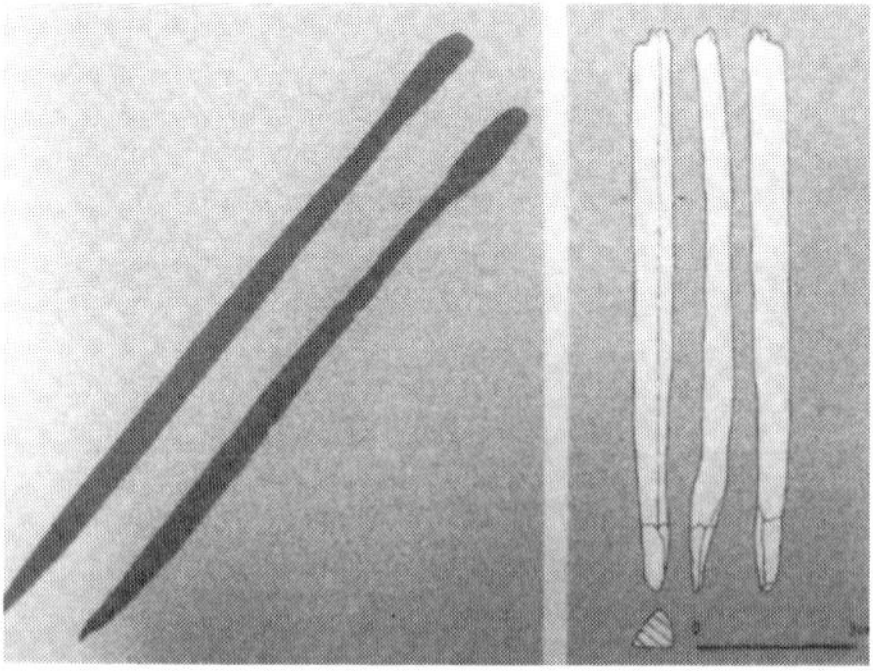

北海道礼文町出土の木製遺物（三田村有純『お箸の秘密』里文出版）

ムに限られるが、そのなかで箸のみで食事が完結する食事作法は日本だけのものである。たとえば朝鮮半島では飯と汁物はスプーンで食べるものであって、箸はおかずをつまむ程度でしか用いられない。また中国とベトナムでは、箸とスプーンを併用する。日本食は箸のみで食することを基本とし、現在の箸食文化圏のなかで、最も箸を重視していることが分かるだろう。もし箸食文化が中国から渡ってきたものなら、中国には日本よりも豊かな箸文化が残っていなければ辻褄が合わない。

日本における最も古い文献は『古事記』（七一二年）の「出雲の流れ箸」である。『古事記』は我が国最古の書物であるから、それ以前に文献に現れないのは当然であろう。考古学においては、板葺宮跡出土品（六四六年）と藤原京跡出土品（六八五〜七〇七年）が最も古い箸であると考えられている。

日本の箸の起源について、東京藝術大学教授で国際箸文化研究所所長の三田村有純氏は

『お箸の秘密』（里文出版）で「お箸はすでに縄文時代の日本にあった」という見解を示している。同書によると、中国の箸の本が世界最古の箸であると紹介しているものと同じものが、日本列島でも数多く出土していると述べ、三千五百年前の北海道礼文町船泊や、六千五百年前の福井県鳥浜貝塚などの縄文遺跡から出土した木製遺物の写真を示す。

三田村氏の見解に立てば、箸の起源が日本であってもなんらおかしいことはない。世界最古級の土器を作った縄文人が、箸を使いはじめたというのは、自然な説明だと私は思う。日本人がモノづくりに長けているのは、長年箸を使いつづけてきたことも一つの要因なのかもしれない。

●——黒船を造ろうとした日本人

さて、モノづくりに対する日本人の姿勢を知ることができる逸話を一つ紹介したい。日本人にとって、嘉永六年（一八五三）にペリー提督率いる米国海軍の東インド艦隊が日本の江戸湾浦賀に来航した事件は、歴史の一大事だった。「太平の眠りをさます上喜撰たった四はいで夜も寝られず」と狂歌に詠まれたことから、幕府や住民が狼狽する様子を想像することができる。

これまで欧米列強は、これと同様の手口で未開のアラブ・アジア諸国を恫喝し、屈服させてきた歴史がある。しかし、このときの日本人の反応はどこの国にもなかったものだったに違いない。黒船に乗り込んで異邦人を応対した役人たちは、本気で黒船を造ろうと、鋭い目で観察していたからである。

そして、ペリー来航のわずか二カ月後、幕府は洋式大型軍艦の建造に着手し、翌年にはほんとうに自前の黒船を造ってしまった。これが我が国初の洋式大型軍艦「鳳凰丸」である。

鳳凰丸を建造した浦賀奉行所は、ペリー来航時に記録された黒船の詳細な情報を参考にしただけでなく、四年前の嘉永二年（一八四九）に英国軍艦マリーナ号が浦賀と下田に来航し、上陸・測量などの不法行為を犯したときの記録を元に、完成度の高い図面を書き起こした。

ペリー来航前から洋式軍艦の建造を目論んでいた浦賀奉行は、洋式軍艦の情報が十分に集まらないことに悩んでいた。そこで奉行の戸田氏栄はあまりにも大胆な方法を思いつき、実行した。その大胆な方法とは、来航中のマリーナ号に接触して、造船法を直接探り出すというものだった。戸田は造船の技術者を、実際に交渉を担当する与力に任命し、同艦を直接見聞させることにした。

マリーナ号の航海士ハロウランの航海記には、船に乗り込んできた役人は船の寸法を計測したり、大砲の数を数えたり、大砲や弾丸の重量や装薬の量を尋ねるなどして、およそ目に付くものを詳しく筆記したと記されている。恐らく欧米の船はこれまでアジア諸国で測量することはあっても、測量されるような経験をしたことはなかったに違いない。面白いことに、日本側の記録によると、このとき英国側の通訳は、この船の絵図を写したのだから、その代わりに日本の絵図を一枚くれないかと申し入れたという。

その後、日本は海軍の技術を蓄積し、明治三十八年（一九〇五）の日本海海戦で、世界最強の艦隊といわれたロシアのバルチック艦隊を撃破するに至る。

ところで、ペリー艦隊は蒸気機関車の模型を持参していて、幕府が用意した横浜応接所裏の畑で公開運転を行った。これは、模型とはいえ人を乗せて走る本物の蒸気機関車であった。

ペリー一行は、贈り物とはいいながらも、日本人に最先端の技術を見せつけ、外交を有利に運ぶ道具として蒸気機関車を用いるつもりだったようだが、まさか翌年に日本人が同じものを造ってしまうとは想像だにしていなかったろう。ペリー艦隊が江戸に来る前、長崎に来航していたロシアのプチャーチン提督率いる艦隊も、蒸気機関車の模型を持参していた。佐賀藩主鍋島直正（なおまさ）は家臣を艦艇に派遣したところ、艦上で蒸気機関車の走行を目の当たりにすることになった。

佐賀藩は、嘉永五年（一八五二）に佐賀藩精錬方という研究所を設立し、全国から優秀な技術者を集めていたが、蒸気機関車の走行を見た日本人には精錬方を代表する科学者、中村奇輔（きすけ）が含まれていた。中村たちは精錬方で蒸気機関車の模型を製作することを申し出、二年の間に模型を完成させ、安政二年（一八五五）に藩主の前で走らせることに成功したのである。この模型は、国産初の蒸気機関車の試作車で、その実物が佐賀県立博物館に保存されている。ちなみに、この模型の製作に携わった三名の技術者の一人、田中久重（ひさしげ）が設立した田中製作所は、後の東芝となる。

●——モノづくりと天皇

日本は「モノづくりの国」といわれる。日本人がこれほどまでにモノづくりで成果を発揮してきたのは、日本人の気質によるところが大きい。しかし、日本人が日本人気質を発揮して、モノづくりに専念することができたのは、日本が悠久の平和を歩んできたこと、そして何よりも、日本人が天皇を仰いできたからではなかったか。

たとえば、日本の鉄道技術は世界の最先端を走っているといわれるが、これは天皇のお乗りになる御召（おめし）列車を五秒刻みで運行させる必要性から積み上げられたものである。

御召仕様のC51形蒸気機関車201号機（1940年撮影）

秒刻みで鉄道を正確に運行しているのは世界で日本しかない。筆者の経験によると、中国などでは鉄道が何時間も遅れるのは日常茶飯事で、あるとき珍しく時間どおりに出発するかと思って感心したところ、鉄道員に「今一日遅れで運行している。これは昨日の列車だ」といわれて仰天したことを覚えている。

御召列車の運行には、①御召列車と並走する列車があってはいけない、②御召列車を追い抜く列車があってはいけない、③高架で御召列車の上を通過する列車があってはいけない、という御召列車三原則があり、古くから厳格に適用されてきた。きつい運行ダイヤを縫うようにして設定された御召列車の運行スケジュールを消化するには、秒刻みの正確さが求められる。御召列車の存在が日本の鉄道の正確な運行に大きな影響を及ぼしたことは間違いない。

ところで、伊勢の神宮の式年遷宮（しきねんせんぐう）も、日本の技術を守るための重要な役割を果たしてきたのではないか。式年遷宮とは、二十年に一度、新宮をお建て替えして大御神にお遷り(うつ)を願う祭典で、持統天皇の御代(みよ)に第一回が行われて以来千三百年の伝統がある。平成二十五年(二〇一三)に第六二回式年遷宮が行われる予定になっている。

式年遷宮では、お建物をお建て替えするだけでなく、七一四種、一五七六点にも及ぶ御(おん)装束神宝(しょうぞくしんぽう)が新たに作られる。装束は社殿内を飾るための布帛(ふはく)類や、神様の衣装などを指し、神宝とは神様がお使いになるお道具や調度品で、武具、紡績具、楽器、文具、日常具などがある。これらは、その時代の最高の技術を有する美術工芸家によって調製されることになっている。式年遷宮が滞(とどこお)りなく続けられてきた結果、古代の職人の建築技術や工芸技術などを二千年越しで、今日まで連綿と継承することができたのである。

そして、日本全国には、いつか天皇陛下に献上することを夢見て、日夜モノづくりに励んでいる人たちがいる。たとえば、県知事を通じて献上される農作物などは、農業生産者の生産意欲をどれだけ高める効果を発揮してきたか、想像に難(かた)くない。このように、天皇を仰ぐことによって、日本のモノづくりは悠久の歴史のなかで、確実に積み上げられてきたのではないか。

ただし、拝金的な個人主義が横行する現代日本の姿を見ていると、果たして五十年後の日本が、これまでのように、世界の人々に愛されるモノづくりをする気質を保っていられるか、不安に思うことがある。今一度、モノづくりに対する日本人の気質を見つめなおすべき時期にきているのではないか。日本人が世界で愛されるのは、日本人のモノづくり精神によるところも大きいはずである。

大東亜戦争で国土が焦土と化したにもかかわらず、異邦人に人類史の奇跡とまでいわしめるほどの戦後の復興を遂げ、現在は世界有数の経済大国の地位にある日本。確かに、中国をはじめとする新興国が経済力を伸ばすなか、日本の将来を憂う向きもあろう。しかし、いつの時代にもモノづくりは存在し、技術革新に終わりはない。しかも、日本の伝統が最先端の技術に活かされる場面も多く、今後日本が担うべき課題に際限はない。

今、たとえばアメリカから買い付ける価値のある工業製品といえば、筆者にはｉＰａｄくらいしか思いつかないが、今後日本の企業は、世界中に愛される製品を次々と世に送り出していくことだろう。日本人がモノづくりに対する気質を保ちつづけていれば、日本の行く末には前途洋々たる未来が開けている。

第三章

勿体無い【もったいない】

——日本語には原始日本から継承されてきた〝和の心〟が宿る

「もったいない」という言葉は日本人なら誰でも馴染みがある言葉だが、驚くべきことにこの言葉は英語、フランス語、中国語、ロシア語など世界の主要言語には存在しない概念なのだ。だが、今世紀の人類の主題は「環境との共生」であり、日本が育んできた和の心はその主題に合致する。その和の心が日本語の「もったいない」という言葉を媒介して世界に伝えられたことは、日本語の底力ではなかったか。

日本人の伝統的価値観は日本語を通じて有史以前から継承されてきた。原始民族が現代に至っても、言語だけではなく国土と国家を持っているのは、世界でも日本だけであり、日本人は責任を持って自然と調和する心を世界に伝えていかなくてはいけない。

だが今、日本語は粗末に扱われ、失われようとしている。大切なのは日本人自身が日本語の価値を知ることではないか。

日本語は日本人の個性の根幹を担保するものである。近年、蔑ろにされつつある日本語の価値を再発見することは、現代日本人にとって非常に重要なことである。

●——英語になった日本語「tsunami」

スマトラ島沖大地震が起きた二〇〇四年十二月、香港でCNNニュースを見ていた私は、アナウンサーがしきりに「Asian tsunami」という言葉を繰り返しているのが耳に付いた。日本語の「津波」が英語になっていることを、私はこのときはじめて知ったのだった。

慌てて英英辞典を引いてみると、案の定「tsunami」が見出し語になっていて、しかもtsunamicという形容詞まで作られていることが分かった。どうやらtsunamiは可算名詞で、a tsunamiもしくはtsunamisと用いられるらしい。そのうえ、tsunami lag（津波到来の遅れ）やtsunami fear（津波の恐怖）という複合名詞まで作られている。

確かに、世界で発生する地震の一割から一割五分は日本に集中しているといわれ、日本は地震大国であると同時に、津波大国でもある。だが、歌舞伎、将軍、忍者、盆栽といった日本にしかないものならまだしも、津波は海岸さえあれば世界のどこでも起きうる事象である。そのような一般名詞が、tsunamiとして英語に借用され、しかも報道番組で主に用いられているのは、実に興味深いことではないか。その他にも、年代ごとに多くの日本語が英語になって辞書に収録されているが、tsunamiのように使用頻度が高い英語の一般名詞に日本語が借用されるのは極めて異例である。

ではなぜ「津波」は英語になったのか。その理由は明確である。津波を直接言い表す単語が英語に存在していなかったからにほかならない。和英辞典で「津波」を引いてみると、筆頭に a tsunami とある他、a seismic sea wave と a tidal wave が見える。a seismic sea wave は地震性潮波というような意味で津波とほぼ同義だが、不定冠詞の a を除いても三語から構成されるため、使い勝手は良くない。次の a tidal wave は他に潮波や高波という意味も持つため、単に「tidal wave warning」と書いても、これだけでは高潮警報と津波警報の区別がつかない。高潮と津波は破壊力において次元が異なるため、両者の混同は危険であろう。したがって、英語社会にとって一語で的確に地震性高波を言い表す日本語の「津波」は重宝する言葉に違いなく、すんなりと借用され一定の地位を得た。地震国日本は、地震性高波を示す的確な言葉を用意していたのである。

英語ほど、異なる言語から多くの単語を借用してきた言語は他に例がないと思われる。英語の最大級の辞典で、五〇万以上の見出しを持つ『オックスフォード英語辞典』(The Oxford English Dictionary／第二版／全二〇巻) には、もともとの英語と共に、三五〇以上の言語から借用した夥しい数の外来語が収録されている。採用の基準が異なるため同一には比較できないが、最大級の辞典に収録されているドイツ語とフランス語の語彙が、それぞれ約三五万語と約一〇万語であることと比べると、英語の語彙の多さが分かるだろう。フランス語が保守的で外来語をあまり増やさなかったのに対し、英語は他の言語の語彙を積極的に借用して語彙を増やしてきたのであり、英国人とフランス人の気質の違いが見える。

また、英語に借用語が多いのは、話者の気質もさることながら、英語が歩んできた歴史も影響しているのではないか。英語は、五世紀にはブリテン島に移住してきたゲルマン小民族が話す地域言語だった。その後、彼らの言語は独自の発展を遂げ、英語の基礎が固まる。だが、ブリテン島がたびたび外部の征服を受けてきたことから、英語は長い間、被支配民の言語とされてきた。

英語はキリスト教を通じてラテン語を借用し、八世紀から始まるバイキング時代には北欧から侵入を受けて北欧語を英語に借用した。そして、一〇六六年のノルマン征服によって、ブリテン島はフランス貴族のノルマンディー公の統治するところとなり、以降約三百年間、英国の公用語はフランス語とされ、多くのフランス語が英語に借用された。

ところが、英国がフランスと戦った百年戦争が勃発すると、フランス語は敵性語とされ、英語に対する国語意識が強まり、十四世紀にはフランス語を話していた英国の貴族が英語を話すようになったのである。一三六二年に議会の開会宣言がはじめて英語で行われ、そして一三九九年になってようやく、英語を母国語とするヘンリー四世が英国王に即位するに至った。

この時期は日本の室町時代中期にあたり、日本史の尺度で見ればつい最近のことと思える。英国王が英語を話すようになってまだ六百年余りしかたっていない。有史以来、天皇と国民が和語を話しつづけてきた日本の状況とはかなり異なることが分かるだろう。

十字軍遠征や大翻訳時代にアラビア語を借用し、十六世紀の英国ルネッサンスで古典語を借用し、十七世紀の東インド会社設立で東洋への進出が盛んになり、東洋の諸言語からの借用が増え、さらに十九世紀に米国がペリー提督を日本に派遣してからは、多くの日本語を借用した。

このような歴史があって、英語は五〇万以上の語彙を持つ、世界で最も語彙の豊かな言語の一つになったのである。別の言語からの借用が多いことは、英語の大きな特徴である。

そして、現在では三億二〇〇〇万人以上が母国語として、約三億五〇〇〇万人が公用語として、また約七億五〇〇〇万人が外国語として英語を話している。世界人口の四分の一近くは英語を話す計算になり、実際に世界の多くの地域で英語が通じる。英語は今や「日の沈まぬ言語」と評されるほどに普及し、国際語として不動の地位にある。

ケニア人が世界に伝えた「もったいない」

特にharakiri（腹切り）、karoshi（過労死）、otaku（おたく）、hentai（変態）などは日本語源の英語としてよく知られるが、このように、とても誇らしいとは思えない言葉が借用される場合が多い。確かに自ら腹を切ったり、死ぬまで働いたりするのは日本人くらいのものかもしれない。だが、もっと素敵な誇らしい言葉が英語にならないものだろうかと思っていたところ、近年、自信を持って送り出せる日本語が世界語になったことは、日本人としてまことに喜ばしいことである。

平成十七年（二〇〇五）三月、「もったいない」という日本語が環境保全の合言葉として世界的に知られることになった。これは国連の「女性の地位委員会」閣僚級会合で、ノーベル平和賞受賞者でケニア環境副大臣のワンガリ・マータイ氏が演説し、日本語の「もったいない」を環境保全の合言葉として紹介し、会議の参加者と共に唱和したことによる。

マータイ氏はこの日の演説で「『もったいない』は消費削減（リデュース）、再使用（リユース）、資源再利用（リサイクル）、修理（リペア）の四つの『R』を表している」と解説し、

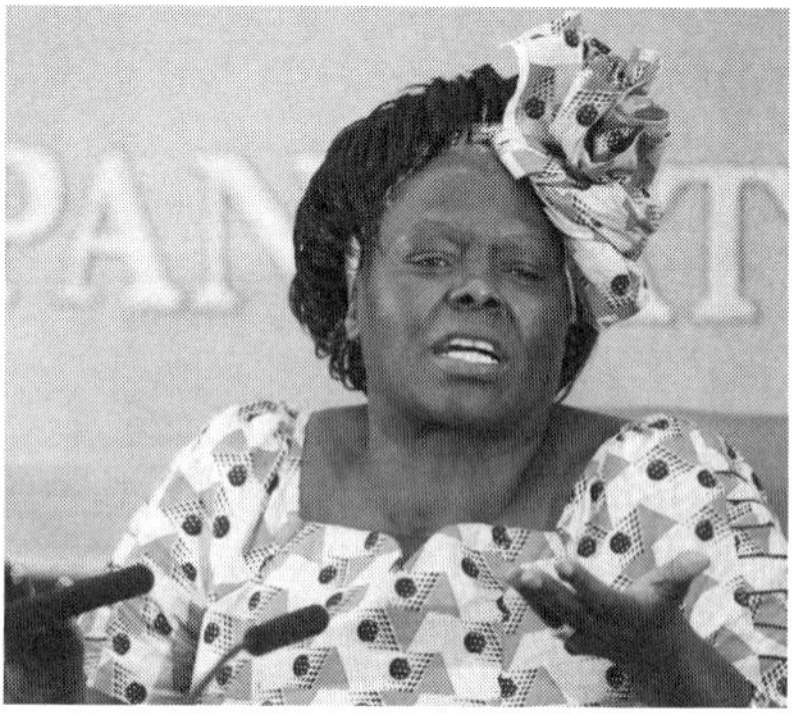

ワンガリ・マータイ氏（提供：毎日新聞社）

「MOTTAINAI」と書かれたTシャツを手に「さあみんなで『もったいない』をいいましょう」と呼びかけ、会場を埋めた政府代表者やNGOの参加者と共に唱和した。さらにマータイ氏は「限りある資源を有効に使い、みんなで公平に分担すべきだ。そうすれば、資源をめぐる争いである戦争は起きない」と主張した。このように日本語が世界に紹介されることは誇らしい報せではないか。しかも「もったいない」を世界に紹介したのが日本人ではなく、ケニア人だったことはより意義深い。

日本人に馴染みのある「もったいない」と同じ意味の言葉が、英語などの主要言語に存在していないことは注目すべきである。先に津波が英語になった理由を分析したとおり、すでに英語にある言葉はわざわざ外国語から借用する必要はなく、英語にない概念だからこそ外国語の語彙が英語に借用されるのである。したがって、日本語の「もったいない」が世界語になったということは、同義、もしくは近い意味を持つ言葉が、世界の主要言語に存在していなかったことを意味する。

英語には比較的近い意味を持つ「wasteful」があるが、これは「浪費的な、不経済な・無駄な」という意味であり「もったいない」が持つ言葉の温かさが感じられない。マータイ氏は、日本語の「もったいない」のように、自然や物に対する敬意と愛の意思が込められている言葉が他の言語に見つからず、また四つの「R」を一語で表せる言葉も他に見つからなかったと話している。

●――大自然との調和を育んできた日本人

我々日本人は「もったいない」を様々な場面で使用している。『大辞林』（三省堂）によると「もったいない【勿体無い】」は①（有用な人間や物事が）粗末に扱われて惜しい。有効に生かされず残念だ。②（神聖なものが）おかされて恐れ多い。忌むべきだ。③（目上の人の好意が）分に過ぎて恐縮だ。かたじけない。④（あるべき状態からはずれて）不都合だ。不届きだ、と説明する。

用例はそれぞれ①が「まだ使えるのに捨ててしまうとはもったいない」「あんな有能な人物を放っておくのはもったいない」「こんな事をしていては時間がもったいない」、②が「神前をけがすとはもったいない」、③が「御心づかいもったいなく存じます」、④が「帯紐解き広げて思ふこともなくおはすることもったいなし／『盛衰記』三六」となっている。

総じて、尊いものや価値のあるものが、穢され、粗末に扱われ、能力が発揮されず、本来あるべき状態から離れているさまなどを惜しみ嘆く気持ちを表す言葉であるといえよう。そして日本人は、そのような状態にしないように戒める言葉として「もったいない」を用いている。確かに、マータイ氏がいうように「もったいない」には自然や物に対する敬意と愛の意思が込められているように思う。

日本人は日常生活の多くの場面で「もったいない」といいながら、物のありがたさに感謝して大切に使い、資源の消費を抑え、不要な物も使い回し、資源を再利用し、そして壊れても直して使ってきた。そしてそれが美徳であると称えてきたのだ。自然の摂理に適う物は美しいものである。この感覚は、大自然を正しく畏れ、利用し、そして調和を図ってきた日本人の伝統的価値観から派生した、日本人の心の在り方である。

この感覚は障子が破れたときの対応に象徴される。日本の家庭では子供が障子を破っても千代紙などを切って張ることで修復される。千代紙で修復された障子は前よりも美しく、また微笑ましいものになる。子供が障子を破ったことを戒めながらも、修繕した障子の美しさを楽しむ文化がある。一方、欧米では子供が扉を破ったとしても、扉ごと新品に交換される。修繕した物が美しいという感覚は欧米にはない。これが「もったいない」感覚を持つ社会と持たない社会の違いである。

日本人は古より万物に神霊が宿り、人は大自然の恵みにより生かされていると考えてきた。それが自然への感謝の気持ちとなり、「もったいない」という感覚を持つことにつながった。一方、キリスト教は『聖書』で「神は大自然の管理者として人間を選んだ」と教えており、自然観が日本人のそれとはまったく異なる。

ところが本家本元である現代日本人は、個人主義や拝金主義の垢(あか)にまみれ、日本社会は「もったいない」とは程遠い社会になってしまった。「もったいない」のほんとうの価値を見出して実践しているのは、むしろ欧米人なのかもしれない。しかし、「もったいない」が異邦人によって提唱されたことにより、日本人は伝統的価値観を再発見することができた。日本人は、マータイ氏に称賛されるに相応しい感覚を取り戻さなくてはなるまい。

●命を「頂く」ということ

古来、日本民族が信仰してきた神道の価値観によれば、木一本一本、花弁一枚一枚、そして風や波や霧にまで神霊が宿ると考える。そればかりか、人間が作った竈や厠(かわや)にも神霊が宿ることである。このように、日本人は大自然に対して感謝の気持ちを抱きつづけてきたのであり、その価値観が「もったいない」精神の根底に流れているのである。

日本人が物を大切にしてきたのは、物質としての物の価値ではなく、物に神聖性を見出してきたからに違いない。でなければ、箸、布団、便所などに「お」という丁寧語を付けて呼ぶことはしないだろう。日本の子供は「米を一粒でも食べ残すと目が潰れる」と教えられて育つものだが、一粒も残してはいけないというのは、欧米人には理解できないかもしれない。これは物質としての米の価値ではなく、神からの賜り物である米の神聖性によるからである。そして現実に現代日本人の多くは、ご飯茶碗に米を一粒も残さずに食べる習慣を身に付けている。

米を一粒も残さない日本人の感覚は、食前の挨拶である「いただきます」に象徴されていることはすでに述べたとおりである。「いただきます」は「ごちそうさま」と並んで、英語などの主要言語に翻訳しにくい言葉であり、日本のアニメに英語の字幕が付く場合「いただきます」は Thank you や I'm eating などと訳されている。

確かに、敬虔なるキリスト教徒が食前に神に祈りを捧げることはあるが、毎回、食事のたびに祈りを捧げている人はごく少数で、たいていは無言で食べはじめ、食べ終えても無言である。だが、日本人であれば原則として食前食後の感謝を口にする。

そして「いただきます」とは「あなたの命を頂きます」という意味であり、食材そのものに対する感謝の気持ちを表す言葉であるから、キリスト教徒が神に食事を感謝するのとも性質が異なる。日本人の伝統的価値観によれば、食事とは、あなたの命を私の命に換えさせていただく、いわば命を交換する儀式なのである。人は生きていくうえで、毎日命を摂取しつづけなければならない。人は自分の力で生きているのではなく、大自然の恵みを頂きながら生かされているのである。

一方「ごちそうさま」は「ご馳走様」と書くことからも分かるように、食事を作ってくれた人と食材を生産した人に対する感謝の言葉である。時間の流れのなかで言葉は変わってきたかもしれないが、日本人は縄文時代から一万年以上の間、食事のたびに食材と料理人に感謝の言葉を唱えつづけてきたのである。

●──いただきます議論

平成十七年（二〇〇五）秋にＴＢＳラジオで「給食の時間に、うちの子には『いただきます』といわせないでほしい。給食費をちゃんと払っているんだから、いわなくていいではないか」と学校に申し入れた母親がいたという手紙が紹介され、物議を呼んだ。

番組には数十通の反響があり、その多くは親の申し入れに否定的だったものの「いただきます」をいうときに手を合わせることは宗教的行為だという意見や、食堂で「いただきます」をいったら隣のおばさんに「お金を払っているのだから、店がお客に感謝すべきだ」といわれたという逸話も紹介された。

そもそも「いただきます」は先述のとおり食物そのものに対する感謝の言葉であって、店や料理人への感謝の言葉ではない。いただきます議論でがっかりするのは、感謝する対象が食物ではなく、最初から店（給食の場合は学校）に限定されていることである。現代日本人が食物に感謝する感覚を失いかけているとしたら、日本人の根幹を揺るがす大問題であろう。一方「ごちそうさま」は店や料理人に対する感謝の言葉であるが、代金を払っているのだから店が客に感謝すべきとはいったい何事か。およそ日本人の発想ではない。

店と客の関係は対等である。店は客の注文に応じて食事を提供し、その対価として客は金銭を払うのであって、その取引によって両者が利益を得る。もし、客が食事をしなければ、客は食事をしないぶん、財布の現金は減らずに済む。つまり、客は財布の現金を減らしてでも、その店の食事をする決定をした結果、店に入ったのである。しかも、客には別の店に行く選択肢もあったはずだが、他のすべての選択肢を否定したうえで、その店に入ったのである。出された食事が代金に見合わなくて文句をいうのならともかく、代金を払うのだから店に感謝しなくてよいということにはならない。

「いただきます」と「ごちそうさま」は現在では手を合わせて唱えるだけの簡単なものになっているが、本来は一拝一拍手の後に和歌を詠み、続けて「いただきます」もしくは「ごちそうさまでした」を唱えるのが作法である。数が違うだけで基本的には神社参拝の二拝二拍手一拝の作法とかたちは同じである。参拝と食事の感謝が同じ作法であることからも、料理そのものが神であることが分かる。

ちなみに、食前の和歌は「たなつもの百の木草も天照す日の大神のめぐみえてこそ」で、食後の和歌は「朝よひに物くふごとに豊受の神のめぐみを思へ世の人」。

最初の歌は、すべての草木が育つのは太陽の神である天照大御神の恵みを得ているからという意味で、次の歌は、食事をするたびに豊受大御神の恵みに感謝しましょうという意味である。和歌こそ詠まなくとも、せめて一拝一拍手は試してみてほしい。清々しい気持ちでおいしくお食事を頂くことができるだろう。

食前感謝と食後感謝は、人が人として生きるうえで、神々、大自然、食材、生産者、料理人などに感謝する美しい日本人の作法である。宗教色だの代金だのとやかくいう前に、日本人としての最低限の振る舞いをすべきではないか。

●——ほんとうの「食育」とは何か

先日、友人からこんな話を聞いて考えさせられた。家族で飼っていた軍鶏(しゃも)を鍋にして食べたのだという。雌だということで卵を期待してもらってきたら雄だったらしく、どうにもならなくなって食べることにしたらしい。家族みんなで飼っていたのだから、全員で食べないといけない、ということになり、父親の指示の下、家族全員で軍鶏鍋を囲み、悲しいやらおいしいやらでたいへんだったそうな。

そんな話を聞いて、ある映画の場面を思い出した。クリスマスイブに家族で七面鳥を食べているとき、まだ小さい男の子が食事の途中で「これ、○○ちゃんなの？」と尋ねて、お母さんが領(うなず)いた途端、兄弟全員が大泣きして、楽しいはずのクリスマスディナーが泣きの涙に包まれるという場面だった。しかし「生きる」ということとは、こういうことなのではないか。

ところが都会の生活では、食品に使われる動物の生前の姿を見る機会がなくなってしまった。肉類はすべて切り身を包装して店頭に並べるため、動物の姿どころか肉塊さえも目にすることはない。魚が切り身のかたちで泳いでいると思っている子供もいるという。中国やフランスでは鶏を締められないと主婦は務まらない。日本の消費者はあまりに甘やかされていないだろうか。

その結果、今の日本人には「命を頂きながら生かされている」という感覚が薄れてしまっているのではないか。食物への感謝の気持ちは、動物、家族、社会を大切にする「優しさ」を芽生えさせる根源である。これが薄れるということは、危険な状態であるといわざるをえない。

近年盛んに食育が奨励されるようになったが、家畜を育てて自分たちで捌いて食べることが、究極の食育ではないだろうか。平成二十一年（二〇〇九）五月十日付『産経新聞』に、命の尊さと食べ物の大切さを教えるために、授業にこれを採り入れている長崎県立島原農業高校が紹介されていた。

生徒たちが雛のころから餌をやり、世話をしてきたニワトリを捌いて肉にし、自分たちで育てた野菜も使ってカレーを作る実習がある。ニワトリの頭を落とすとき、庖丁を手に取る生徒と、それを見守る生徒はみな涙を流すが、誰も目をそらさないのは、事前に教師が「目をそむけるのがいちばん失礼なこと」と教えているからだという。実習を終えた生徒たちの感想は次のようなものだった。「最初はかわいそうと思ったけど、命の大切さを感じ、無駄がないように作ろうと思った」「自分たちのために肉になったんだ。ちゃんと食べてあげないとかわいそう」「感謝して食べようと思った。これからは好き嫌いせずに何でも食べたい」。同様の実習が保護者とＰＴＡの反対に遭って中止に追い込まれた学校もあり、家畜を捌く実習は賛否が分かれる。個人主義が横行する心の廃(すた)れた時代だからこそ、子供たちにはこのようにして命の大切さを知ってほしいものだ。

高天原に通じる「神の言葉」

では、なぜ日本人は英語にもフランス語にも中国語にもロシア語にも存在しない「もったいない」や「いただきます」という言葉を獲得し、現在まで使ってきたのだろう。これを知るには日本語の歴史を遡る必要がある。

日本語はどこから来たのだろうか。日本列島に独自の特色が表れたのは、後期旧石器の地域性が見えはじめた三万年前ころである。当時、日本列島には縄文人の先祖にあたる旧石器時代人が住んでいた。縄文人は現在の日本人とほぼ同型と考えられているため、考古学上、旧石器時代人は日本人の先祖ということになる。彼らは人類初となる磨製石斧とナイフ形石器を発明し、やがて人類最初の土器を作ることになる。

旧石器時代にどのような言葉が話されていたか、人類がまだ文字を持たない時代であるため、まったく分からない。しかし、石器と土器に関しては人類最先端の技術を持っていたのであるから、後期旧石器時代から縄文時代早期にかけて、日本列島は最先端技術を持った地域であり、当時の言語は人類最先端の集団が話す言語だった。

そこに、時代ごとに他の地域から言語要素が流入し、現代日本語が形成された。具体的には、もともと縄文語が存在していたところ、縄文時代後半期に揚子江下流域からオーストロネシア語系言語の影響を受けて弥生語が形成され、そして弥生時代から古墳時代にかけて、朝鮮半島から朝鮮半島西部の言語の影響を受けて古代日本語が形成され、そして飛鳥時代に漢語、江戸時代末期以降に欧米語が入り現在に至る。

日本列島は海に囲まれているため、大陸と違って、戦争により民族が言語と共に滅ぼされる経験をしたことがない。そのため、日本語の成立過程は他の言語と比較しても単純なものである。総じて、日本語は縄文時代には日本列島に存在していて、数度に亘り他の地域言語の影響を受けて成立した言語で、どの語族にも属さず、縄文時代以前の古い要素を色濃く残している。神道の考えによると神武天皇より前は神世(かみよ)の時代であるから、要するに日本語は高天原(たかまのはら)に通じる「神の言葉」ということになる。高天原は『古事記』神話にいう天上世界のことで、天照大御神が統治する神々の世界のことである。

日本列島に最初の統一王朝である大和王朝が成立して以来、日本列島の隅々にまで和語が行き届き、日本人は一つの言語を共有して結束してきた。五世紀ごろに形成され、十四世紀になってはじめて一つの国の公用語に採用された英語とは次元の異なる言語というべきだろう。日本では子供でも、『万葉集』や『古今和歌集』などに収録された古代の和歌を原文のまま読むことができる。しかも、日本人であれば建国以来二千年に及ぶ文書類を読むことができる。これは奇蹟に近い。

もし、英国人や米国人が古代の文献を読もうと思っても、古代において英語は公用語ではないため、原文を読みたければ、古代ギリシャ語や古代へブライ語などを習得しなくてはならない。古代の文献を原文で読むことは、およそ子供には不可能である。話者は存在していたとはいえ、六百年前まで英語はなかったに等しい。

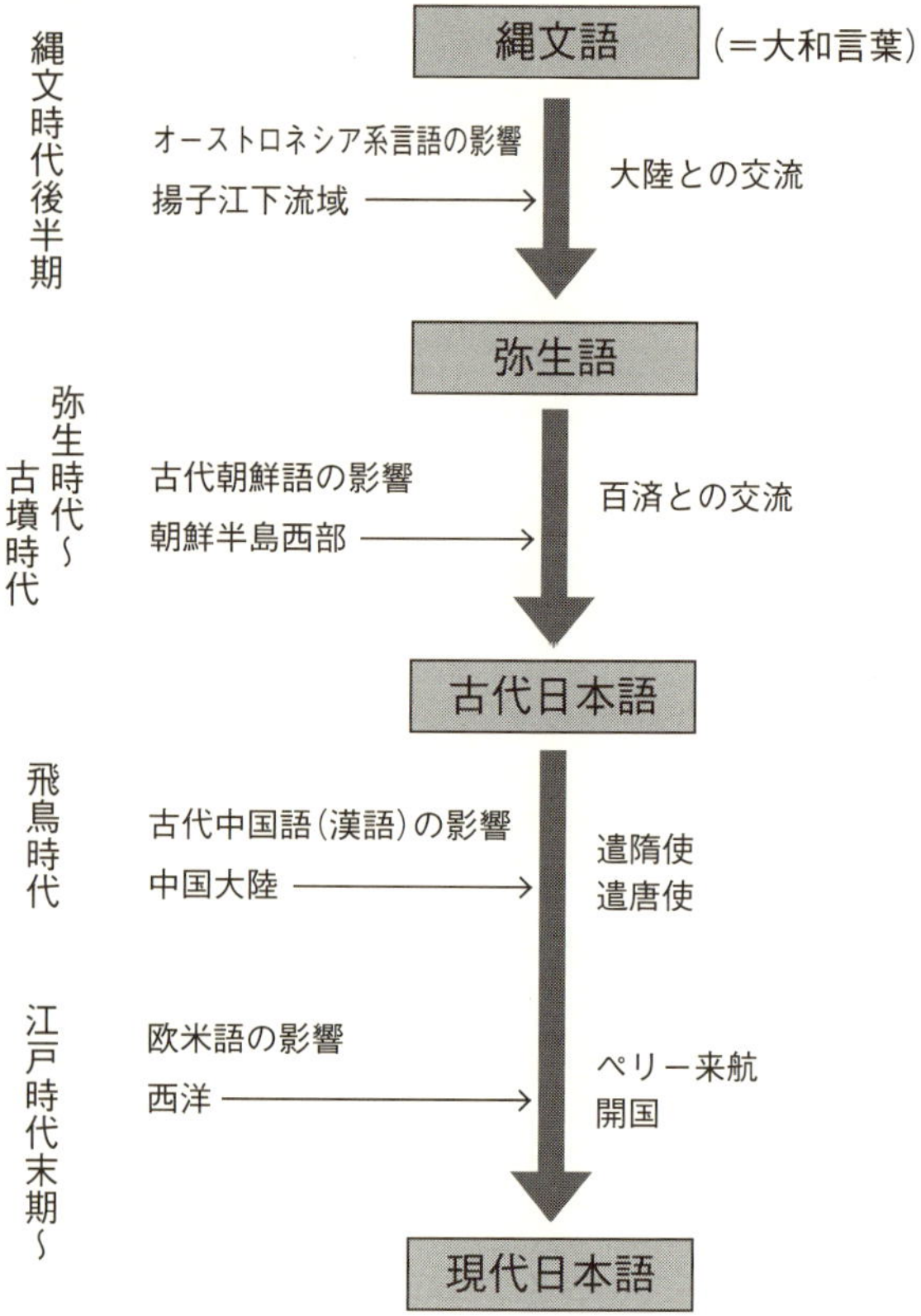
縄文時代後半期
縄文語
(＝大和言葉)
オーストロネシア系言語の影響
揚子江下流域
大陸との交流
弥生語
弥生時代〜古墳時代
古代朝鮮語の影響
朝鮮半島西部
百済との交流
古代日本語
飛鳥時代
古代中国語(漢語)の影響
中国大陸
遣隋使
遣唐使
江戸時代末期〜
欧米語の影響
西洋
ペリー来航
開国
現代日本語

日本語成立の過程

●――日本語こそ世界遺産に相応しい

日本は和の国である。万物に神霊が宿ると考える神道の源流は、縄文時代にまで遡る。縄文人は大自然を正しく畏れ、敬い、そして利用してきた。日本の和の文化は、大自然と人類の和を基本とし、その上に、国と国との和や人と人との和が醸し出されたものである。「もったいない」や「いただきます」という発想は、縄文人やその先祖の旧石器時代人の発想にほかならない。日本語は原始日本人の価値観を詰め込んだタイムカプセルのようなものなのではないか。古い言語が残るからこそ、古い時代の価値観が現代に継承されているのであり、言語なくして価値観の継承はありえない。日本語は、大自然との調和を重んじた縄文人の発想を世界に伝える道具として今、機能しているのである。日本語こそ世界遺産に相応しいと私は思う。

世界史を眺めると言語は脆弱なものであることが分かる。言語は民族と共に生き残るものであり、民族と共に滅びるものでもある。英語が日の沈まぬ言語になった半面、その陰で夥しい数の言語が姿を消してきた。

日本語も例外ではなく、いくつもの危機を乗り越えてきた。元寇でもし神風が吹かなければ、日本列島は中国の元が統治する地域となり、今は中国の一部になっていたと思われる。その場合、我々は今、中国語を話していたことだろう。また幕末期の舵取りを一つ間違えていたら、我が国は列強の植民地にされていた可能性が高い。そして、ポツダム宣言受諾が数日遅れていたら、日本は東西に分断され、東日本では今ごろロシア語が公用語になっていたことだろう。大戦後の占領期には、公用語を日本語から英語に替えるという恐ろしい議論まであった。

確かに、アメリカ先住民、ケルト、アボリジニーなど、日本の縄文時代に他の地域に存在していたアニミズム精神を持つ民族は現存する。しかし、彼らは国土と国家を持たず、言語すら失われつつある。原始民族で国土、国家、言語を持ち、一億人以上の人口を擁しているのは世界で日本だけであり、日本は現存する唯一の古代国家なのである。有史以前の古い言語が現在に存続していることは、筆舌に尽くし難い価値がある。

●――最も語彙の多い言語

日本語はよく曖昧(あいまい)で非論理言語だといわれるが、果たしてそうか。私には日本語ほど明確で論理的で、完成された言語は他にないと思う。日本語には底力がある。日本語はどのように洗練されてきたのだろう。

七世紀に天武天皇が編纂(へんさん)を命ぜられた我が国最古の歴史書『古事記』には古代日本語が用いられている。当時は日本にまだ文字がなく、太安万侶(おおのやすまろ)が中国の漢字を使って一定の文字変換方式で古代日本語を文字化させ、漢式和文が成立した。

しかし、漢字は外国語の文字であり、和語と漢語は語順や語彙が違うだけでなく、文化的背景もまったく異なるため、漢字を用いて和語を表記するのは簡単なことではなかった。公用語を漢語にしてしまえば簡単なことだが、日本人はそれをせずに、漢字を消化して日本文明の道具の一つとして使いこなすことに成功する。

漢字が導入されてから幕末までの約千二百年間、公文書はすべて漢文で表記されたが、日本語を表記するための工夫は並行して近代まで進められた。漢字は幸い表意文字だったため、それぞれの字に和語と古代中国語の二通りもしくはそれ以上の読みを与え、音訓を複線的に用いて漢字を活用した。そして、漢字を表音文字として用いる万葉仮名が発明され、アルファベットのように日本語の音を表記できるようになった。その結果が『古事記』に見える。

しかし、一音ごとに画数の多い漢字を充てるのは煩雑(はんざつ)であるため、漢字を簡略化させた片仮名と平仮名が発明され、早くも延喜五年（九〇五）に撰進された『古今和歌集』では平仮名が公に用いられている。仮名の導入により、漢字カナ交じり文が成立し、表音文字と表意文字を同時に使い分ける形式が整ったことで、日本語は豊かな表現を手に入れた。そして、明治三十三年（一九〇〇）の「小学校令」で仮名の表が統一されることになる。明治時代以降は話し言葉と書き言葉の統一が図られ、現代日本語が形成された。

英語の語彙の多さについては先に述べたが、実は日本語は主要言語のなかで最も語彙の多い言語である。日本語最大の辞書『日本国語大辞典』（小学館、第二版／全一四巻）には五〇万項目の語彙が収録されている。この数は先述の『オックスフォード英語辞典』の語彙数に相当する。基準の違いがあるため同一に比較できないが、他の言語からの借用が英語と比べて格段に少ないぶん、日本語は世界の主な言語のなかで、最も豊かな自前の語彙を持っていると考えられる。

●──漢字文化への偉大な貢献

このように書くと、日本語の語彙の多くは中国語の借用だという反論もあることだろう。確かに、文字を持たなかった日本人の先祖は、和語を表記する方法として漢字を採り入れた。しかし、先祖たちは漢字に複数の読みを与えて活用し、多くの和製漢字と和製漢語を作って、逆に中国に大量に輸出してきた。したがって、漢字で構成される日本語の語彙が、ただちに大陸からの借用とはならない。

中国における和製漢語研究者の王彬彬氏は論文「現代漢語中的日語〝外来語〟問題」（現代漢語のなかの日本語〝外来語〟問題）で次のように述べる（いずれも筆者訳）。

現代中国語のなかで日本語から借用した外来語の数は驚くほど多く、統計的に、我々が今日使用している社会科学、人文科学方面の用語のおよそ七割は日本から輸入したものである。これらはすべて日本人が西洋の語彙を翻訳したもので、これを中国が導入して中国語のなかに深く根を下ろした。

我々が使っている西洋の概念は基本的に日本人が我々に代わって翻訳したものである。中国と西洋の間には、永遠に日本が横たわっている。

日本は幕末から明治期にかけて、西洋文化を輸入するため、西洋の書物を翻訳するにあた

解放	科学	化学	環境	関係	幹部	議員
議会	企業	基準	基地	義務	協会	協定
共産主義	強制	業務	共和国	金融	銀行	
組合	景気	芸術	権威	原則	原理	現実
憲法	公民	講演	工業	国際	最恵国	債権
債務	雑誌	時間	市場	指導	資本家	社会主義
自由	宗教	主義	出版	商業	証券	情報
人権	人民	政策	政党	代表	単位	単元
定義	哲学	電車	電流	電話	動産	投資
独裁	任命	美術	批評	物質	物理学	文化
法律	保険	本質	民主	民法	目的	目標
輸出	輸入	要素	予算	理想	理念	領海
領空	領土	冷戦	労働組合	労働者		

和製漢語の例

り、夥しい数の和製漢語を作った。そして、それらは中国の留学生らにより中国に持ち帰られ、そのまま中国語として使われるようになったのである。

政治、政策、市場、経済、理論、社会主義、指導、人民、共和国などはいずれも日本人が作った和製漢語である。すなわち、中国の国名である「中華人民共和国」は、「中華」を除くと、すべて和製ということになる。ただし、中国人が違和感なく和製漢語を受け入れたのは、明治期の日本の有識者たちが、中国古来の正しい造語方法および構成方法を守って優れた漢語を作ったからである。

今、筆者の手元に、朱紅軍という名の中

国の大学四年生が日本語で書いた学位論文「和製漢字と和製漢語」（魯東大学、二〇〇九年）がある。この学生は、文中で「今日、日本文化の輸出といえばアニメや漫画が思い浮かぶが、他国への影響力という点では和製漢語に比べられない。西洋文化の津波のような来襲の下、和製漢字文化の生き残りと活性化という点で、漢字文化に偉大な貢献をしたと思う」と述べている。中国の大学生にこのように評されるのは日本人としてはとても嬉しいことだ。だが、この論文の締めくくりは手厳しい。

現代日本人の漢字・漢語の知識レベルは、幕末から明治のころに比べれば幼児並みに退化したといっても過言ではない。他国も受け入れるような和製漢語を新たに発明する能力はもはやなく、これが日本国内でカタカナ語の氾濫（はんらん）に結びついている可能性がある。

これを読んで、日本人はもっと古典を勉強して、中国人からも尊敬されるような漢字の使い手に立ち戻らなくてはいけないと思った。

●——日出ずる処の和語を日の沈まぬ言語へ

日本には異国に輸出すべき様々な商品があるが、私は日本語こそ最高の輸出品だと思う。これを実現するには、日本語を母国語とする現代日本人が、美しく適切な日本語の話し手となり、原始日本から継承されてきた和の心を理解して実践する必要がある。

これまでの人類の歴史は「自然を征服する歴史」だったが、これからは日本人が受け継いできた「自然と調和する歴史」を歩みはじめなければならない。そのためには、日本語が持つ和の心を人類が共有するのがいちばんの近道ではなかろうか。日本語は世界を救うと私は本気で信じている。英語の話者はここ百年で一〇倍以上に膨れ上がった。言語としてはこれほどの出世はない。日本語も語彙の輸出だけではなく、異邦人の日本語の学習者を増やしていくことを真剣に考えるべきだろう。

日出ずる処の和語こそ、日の沈まぬ言語にならなくてはいけない。そのためには、日本人自身が日本語の意義を知ることが肝要だ。

第四章

和み【なごみ】

——実はすごい日本の一流外交

日本は「和の国」といわれるが、「なごみの国」と表記してもよいだろう。「和」の精神的気質が日本人を日本人たらしめている。「和」とは主体性を堅持しながら他と協調することを意味する。

日本は縄文時代から、家族の和、地域の和、国同士の和、大自然と人類との和など、様々な次元における「和」を大切に育んできた。ゆえに、日本の家庭には笑いが絶えず、農村は豊かで国は栄え、国際社会と良好な関係を保ちながら、大自然との調和を実現してきた。いずれも出発点は「和」の精神文化であって、これは日本の大きな特徴の一つである。

大和朝廷の「大和」が、「大きい和」と書くことは、偶然ではないかもしれない。異邦人が日本人を好む理由の一つに、日本人の精神が挙げられるが、これも今の日本からは失われつつある。日本人は、世界に愛される日本人として相応しい精神的気質を取り戻さなくてはならない。

●——人類の歴史は戦争の歴史

世界史の教科書を読むと、人類の歴史は戦争の歴史であったことが分かる。また、世界史の年表を見ると、日本を除き、世界中のあらゆる地域で国家の興亡が繰り返されてきたことが視覚的に分かる。日本は現存する世界最古の国家であり、日本が二千年以上王朝を守ってきたのは、国内に宗教戦争がなかったことも重要な要素の一つであろう。

世界史においては、これまで様々な理由で戦争が起きてきた。そのなかでも宗教戦争は特に質（たち）が悪く、長期化して民間人を巻き込み、ときには同国民同士が殺し合い、膨大な数の犠牲者を出してきた。

人類がこれまでに経験した戦争のなかで、最も多くの戦争犠牲者を出したのは第二次世界大戦である。戦闘員約二五〇〇万人、非戦闘員約三七〇〇万人が犠牲になったと推計され、日本だけでも戦闘員約二三〇万人、非戦闘員八〇万人が命を落とした。

確かに、二つの世界大戦は国民経済を総動員する国家総力戦で、それまでの常識を超える物的・人的被害をもたらした。しかし、世界で繰り返されてきた宗教戦争は、世界大戦ほど規模が大きくなくとも、都市の住民を殺し尽くすまで戦闘が終わらないほどの残虐性を持っている。

政治的野心に基づく戦争であれば、損得勘定が働き、無謀な戦闘は行われない。しかし、聖地奪還や異教徒撲滅などの目的で始められた戦争は、イスラムのジハード（聖戦）やキリスト教の十字軍などに見られるように、目的を達成するためにはいかなる犠牲も厭わない、完全に理性を失った無謀な戦争に発展する可能性がある。日本はこれまで宗教戦争を経験したことがないため、その悲惨さを知らないが、恐ろしさたるや、日本人の想像を絶するものがある。

●現代に続く聖地をめぐる争い

中世における最も悲惨な宗教戦争は十字軍遠征であろう。ローマ教皇ウルバヌス二世が、聖地エルサレムを異教徒の手から取り戻すように号令をかけたことで、約二万人の軍隊が結成された。第一回十字軍遠征である。エルサレムはユダヤ教、キリスト教、イスラム教共通の聖地で、イエス・キリストが処刑された地でもある。そのため、その帰属については古代から深刻な対立があった。

一〇九九年に十字軍によるエルサレムへの攻撃が始まると、イスラム側はたちまち総崩れ降伏したイスラム総督は財産を渡すことで亡命が許され、結局、総督とその警護兵を除くと、すべてのイスラム兵が殺されたと伝えられる。敵兵を全員処刑したのだから尋常なことではない。

そして、エルサレムを制圧した十字軍は、エルサレム王国を建て、イスラム教徒とユダヤ教徒らを虐殺し、ありとあらゆる財産を略奪した。これに味を占めたヨーロッパの諸侯は、様々な経済権益を求めてイスラム世界への略奪を繰り返すことになる。

キリスト教とイスラム教による聖地をめぐる骨肉の争いは長らく続き、一一八七年にイスラムの英雄サラディンにより、およそ九十年ぶりにエルサレムがイスラムに奪還された。教皇グレゴリウス八世は聖地再奪還のため、再度の十字軍遠征を呼びかけるが、成果は上がらなかった。

その後、神聖ローマ帝国の皇帝フリードリヒ二世の遠征により、一二二九年にキリスト教側が再びエルサレムを手中に収めるも、一二四四年にイスラム側に攻撃されてエルサレムは再び陥落し、多くのキリスト教徒が殺された。その後、エルサレムは一九一七年に英国軍がオスマン軍を破り入城するまで、イスラム世界が支配することになる。

しかし、聖地をめぐる宗教戦争は現代まで続いている。二十世紀初頭よりユダヤ人のパレスチナ移住が増大し、一九四七年の国連総会でパレスチナをアラブ国家とユダヤ国家に分ける決議が採択されると、イスラエルはその決議を受け入れ一九四八年に独立を宣言した。その後も、イスラエルは周辺アラブ諸国と四度の中東戦争を経て、現在でもパレスチナ武装勢力との紛争を続けている。エルサレムの帰属の問題があるため、いずれも宗教的な対立が背景にある。

また、中東には反米の思想を持つイスラム教徒も多く、「現代の十字軍」ともいわれた二〇〇三年のイラク戦争以降、反米テロが各地で起こり、現代においてもイスラム教徒とキリスト教徒が対立する構造がある。「文明の衝突」ともいわれ、聖地をめぐる宗教戦争の根は深い。

●──ドイツの人口が三分の二に減少した「三十年戦争」

宗教戦争といえば通常、欧州における十六世紀から十七世紀にかけて宗教改革運動に伴って起きた一連の戦争を指す。カソリックとプロテスタント両派の宗教対立と政治対立が結びついた争いで、国際規模の戦争に発展することもあった。シュマルカルデン戦争、ユグノー戦争、八十年戦争（オランダ独立戦争）、三十年戦争などがある。

三十年戦争における農村での虐殺を描いたジャック・カロ『被絞首刑者の生(な)る樹』(『戦争の惨禍』No.11)

欧州最後の宗教戦争と呼ばれた三十年戦争は、ドイツを舞台に行われた国際戦争で、周辺諸国が介入して規模が大きくなり、その名のとおり長期間に亘った。発端は宗教戦争だったが、結果は列強の領土争奪戦としての性格を強め、この戦争の結果、ドイツ各国の領邦主権が認められ、神聖ローマ帝国は実質的に崩壊した。

三十年戦争は人類史のなかでも最も破滅的な戦争の一つである。ドイツ全土が戦場となり、ドイツの人口の三分の一にあたる約六〇〇万人が命を落とし、村の六分の五が破壊された。これによりドイツの農業の基盤が破壊され、経済は完全な麻痺状態となって著しく停滞した。統一国家の建設も各国より遅れ、十九世紀後半まで持ち越されることになるなど、ドイツの発展は二百年間後退したといわれる。

この戦争で兵士として戦ったのは大半が傭兵だった。ドイツ人たちは戦争によって村が荒らされ、休戦中も傭兵によって略奪と虐殺が繰り返された。ドイツの冬は寒い。家を焼かれた農民が、寒さで次々と倒れていったと伝えられる。

当時は「ドイツ」という主権国があったわけではなく、神聖ローマ帝国の一地域だった。また、戦争犠牲者数については諸説あるが、人口の九割が犠牲になった地域もあったとされる。主戦場となった地域を見た場合、犠牲者の割合は人口の五割程度と表現されることもある。

三十年戦争のように、人口の何割もの戦争犠牲者を出すことなど、日本は一度も経験したことがない。日本史上で最悪の損耗（そんもう）を生じさせた大東亜戦争ですら、戦争犠牲者は人口の四パーセント未満である。三十年戦争がいかに破滅的であったかが分かるだろう。

また、三十年戦争の悲惨さは、犠牲者の多さだけで推し量ることはできない。非戦闘員を虐殺することが最初から戦略に組み込まれていたなどということは、日本では到底考えられるものではない。すでに実用化されていた大砲は、日本では城を攻めるときにのみ使用されたが、三十年戦争では都市を攻撃するために用いられたのである。

三十年戦争により、西ヨーロッパ世界は同国民同士が殺し合う宗教戦争を深く反省し、政治と宗教の分離が進められるようになった。

●——日本は民間人を攻撃の対象にしない

ところが、日本ではそのような宗教戦争は一度も起きたことがなく、戦争の規模も小さいものばかりで、長期に亘る戦争も経験したことがない。また、これまで朝廷を倒すことを目的とした戦争は一度も起きたことがない。

関ヶ原の合戦は、近世以前の日本の合戦史上、一日の戦死者が最も多い合戦の一つに数えられる。この合戦は「天下分け目の戦い」と呼ばれ、二百年以上続く徳川幕府を成立させた、日本史上重要な合戦だが、わずか一日で勝負が決した。しかも、主戦場になったのは、関ヶ原の狭い地域で、別の地域で行われた戦闘も限定的で、日本全国が戦場になったわけではない。

諸説あるが、関ヶ原における戦力は、東軍が約七万五〇〇〇人、西軍が約一〇万人で、戦死したのはそのうちおよそ四〇〇〇人から八〇〇〇人程度と考えられる。政権を確定し幕府を樹立させた合戦のわりには、損耗率は五パーセント前後と極めて低い。また、戦闘が行われたのは人里離れた平原だったため、戦線離脱が容易で、民間人が戦争に巻き込まれることもなかった。いずれも、世界史の常識では考え難いことばかりである。

確かに、日本でも第四次川中島合戦や長篠の戦いのように、損耗率の高い大規模な合戦はあった。しかし、日本の合戦はあくまでも職業軍人同士の戦いであり、民間人が攻撃の対象となることはなかった。また、応仁の乱のように都市が戦場となった場合は、多くの民家が焼かれ民間人も犠牲になったが、それは結果論であり、民間人の殺戮（さつりく）が意図された戦争は例がない。

したがって、日本の合戦はいかに大規模なものでも、民間人が攻撃の対象とならないため、戦争犠牲者の数は中国大陸や欧州のそれとは比較にならないほど少ない。まして、三十年戦争などの宗教戦争に見られるような、人口が何割も激減するような戦争は一度も経験したことがない。

しかも、非戦闘員を戦争に巻き込まない日本人の考え方は、近代に入って、国家間で戦争を行うようになっても変わることはなかった。我が国は明治時代以降も、大東亜戦争を含め、非戦闘員を攻撃の目標にする作戦を立てたことはない。

日本が真珠湾攻撃で攻撃の目標にしたのは軍事施設であり、非戦闘員を殺す意図は存在しなかった。米国側の死者約二四〇〇人は全員戦闘員だったことからも明らかである。もし日本軍が欧米人の考えるように民間人を殺すことを戦争と考えていたなら、ホノルルを火の海にしていたに違いない。日本人にとっての戦争とは、軍人同士の戦争を意味するのであり、民間人を殺戮することは戦争の定義に当てはまらない。日本は東京大空襲と広島・長崎の原爆により、神武建国から二千六百年以上経過してはじめて、民間人が攻撃の対象となる戦争を経験したことになる。

●――無益な戦争を排除する和の精神

世界の国々が民間人を殺す戦争を繰り返す一方、なぜ日本では民間人を殺す戦争が行われなかったのか。これに明確に答えるのは困難だが、天皇が民を「大御宝（おおみたから）」として大切にしてきたことと関係するのではないか。民は天皇の宝であるから、武士同士が戦うのはともかく、武士が民を殺すことに正当性を見出すことはできなかったと思われる。

それだけではない。日本人が古来育んできた和の精神が、無益な戦争を排除する効果を発揮してきたのではないか。他者との協調を重視する日本人の和の発想は、他者を思いやる気持ちが前提となっている。和の精神で国が統合していれば、宗教弾圧が起きることはなく、宗教戦争は想定されない。

ところが、それは大和朝廷がただのお人よしだったことを意味するのではない。国を治めるにあたり、他者に価値観を押し付けて服従させれば、その恨みはいつか必ず表面化するだろう。王朝交代を繰り返した中国などはその典型である。だが、日本の和の精神に基づいて、各地域の価値観を尊重して統合していけば、反発はない。大和朝廷は建国当初からそのような理念を実践してきたのである。

世界史の事実によると、十字軍遠征に見られるように、ある勢力が別の勢力の支配領域を軍事的に制圧すると、勝者が敗者の宗教を否定し、勝者の価値観を押し付けることがしばしばある。欧米列強の常套(じょうとう)手段は、始めに聖職者、次に軍艦、そして最後に商人を送り込むというもので、近世までの間に列強はアジアや中東のほとんどの地域を植民地とし、搾取(さくしゅ)に搾取を重ねたうえ、宗教を植え付けた。

そして、戦争の結果は、宗教だけでなく生活の細部までも変更させることがある。たとえば、満州族が中国の天下を取った清朝時代は、漢族も満州族の髪形である辮髪(べんぱつ)(頭髪の前頭部を剃(そ)り後頭部を伸ばして編んだ、満州族の男子の髪型)を強制されたが、辛亥(しんがい)革命によって清朝が滅亡すると、今度は新政府により辮髪を切ることが強制された。王朝の交代は、ときに民衆の髪形まで変更せしめる。

●――出雲の国譲り神話が語るもの

ところが、日本の場合は、ヤマト王権（後の大和朝廷の前提となった王権で、主に考古学の立場で用いられる。また、大和朝廷は我が国最初にして唯一の統一王朝で、主に史学の立場で用いられる）が日本列島の広い部分に勢力を拡大させるにあたり、一部では軍事的な衝突があったかもしれないが、基本的には戦争によらず、話し合いで進められたと見られる。

このことは、考古学の成果から指摘される。三輪山（みわやま）（奈良県桜井市）周辺に前方後円墳が造られはじめたことをもって古墳時代の始まりと定義するが、古墳時代初期は全国の大半はヤマト王権の支配に服していなかった。ということは、古墳時代を通じて、大和朝廷は勢力範囲を全国に拡大させたのであるから、もし戦争によって朝廷の支配領域が拡大したのなら、大きな戦争の跡を示す考古学史料が発見されていなければおかしい。ところが、そのような史料は発見されていないうえ、古墳時代を通じて、日本列島各地の遺跡で文化の断裂は見られず、一定の方向に文化が積み上げられている。古墳時代が政治的に安定していたことは明白である。ならば、大和朝廷は戦争ではなく、主に話し合いでその勢力範囲を拡大させたと見る他ない。各地の豪族が、天皇の下に束ねられた連合政権として勢力を拡大させたことが窺える。

このことは『古事記』からも読み取ることができる。『古事記』の出雲国譲り神話が示すところによると、高天原（天上世界）を統治する天照大御神が、葦原中国（地上世界）の国作りを終えた大国主神に使者を遣わせ、国を譲るように迫った。すると、大国主神の二人の息子のうちの一人が国譲りに難色を示して争いになるも、最終的にはすべて話し合いで進められ、国譲りが行われた。

出雲地方にある荒神谷遺跡で、昭和五十九年（一九八四）から始まった二カ年の発掘調査により、銅剣三五八本が出土したが、それまで全国で発掘された銅剣の総数が三〇〇本程度だったため、大きな衝撃が走った。出雲神話の記述どおりに出雲大社が存在しているものの、軍事的な実態が不明だったところ、この銅剣の出土により、出雲地方に強大な軍事勢力が存在していたことが明らかになった。

しかも、荒神谷遺跡からは銅剣と同時に銅鐸も出土したが、ヤマト王権には銅鐸を使う習慣はない。当時、鉄器製造は王朝のみが可能な事業であること、そして銅鐸にまつわる逸話が『古事記』などに記録されていないことからも、出雲地方はヤマト王権とはまた異なった王朝文化を持っていたことが推定される。

荒神谷遺跡（上）とそこから出土した六個の銅鐸
（荒神谷博物館蔵）

国譲りにあたり、どの程度の軍事的な衝突があったかはともかく、出雲地方が大和朝廷の支配領域の一部に組み込まれたことは事実である。ところが、国譲り後に出雲地方の宗教的象徴である出雲大社が破壊されずに残り、その信仰が残ったこともまた事実である。およそ世界史の常識では通常このようなことは起こりえない。

この事実は、大和朝廷は他の地域を戦争なり話し合いなどで統合するときに、占領地域の宗教を制限しなかったことを物語っている。むしろ、大和朝廷によって統合された地域の信仰は、そのままのかたちで残されたと見るべきだ。

古代から信教の自由が保障されてきた

大和朝廷の政策として特に称賛に値するのは、日本神話を一つの体系にまとめ、『古事記』『日本書紀』に書き残したことではないだろうか。

記紀が編纂された八世紀には、恐らく全国各地にバラバラの神話があったはずだ。大和朝廷によって統合される前から、三輪山には三輪山、伊勢には伊勢、出雲には出雲の信仰があったと思われる。

それらの、一見関連性がないとも思える神話群を、一つの流れを持つ一つの神話にまとめ上げたのが記紀だったと私には思える。その結果、全国の地域の異なった信仰が、一つの神話体系として理解されるようになった。したがって、日本ではホロコーストのような大量虐殺や、宗教弾圧は行われなかった。宗教戦争など起きるはずはない。

私の知る限り、人類史上において、国を統合する手法としてこれほど鮮やかなものは他にない。もともと多神教の風土があったとはいえ、見事な国策である。和の精神文化を育んできた日本人ならではの手法だといえよう。占領後に被占領地域の文化・宗教・習俗を破壊する手法とは比べるまでもない。

日本はヤマト王権が成立した古墳時代初期の時点で、すでに信教の自由を保障していたのである。十七世紀の欧州における市民革命は、市民が信教の自由を獲得するための戦いだったといっても過言ではない。市民が多くの血を流して得た権利を、日本ではその千年以上前から認めていた。

日本が平和だったのは、和の精神文化があっただけではない。日本が列島の形状をしていて、大陸から適当な距離の隔たりがあった地理的な条件も無視することはできない。反対に、朝鮮半島は大陸から陸続きであったことから、常に中国の政権の強い影響を受けつづけなくてはいけない宿命にあった。日本が異国の軍隊に攻め込まれたのは、先の大戦と、幕末に長州藩と四国連合艦隊が戦った下関戦争、同じく幕末に薩摩藩が英国と戦った薩英戦争、そして、中国の元が日本に侵攻した蒙古襲来くらいであろう。

このような背景があって、日本は世界に類を見ない平和な国家を営んできた。確かに、日本列島においても数々の戦争はあった。しかし、日本列島以上の広さを持つ一地域で、二百年以上戦争がなかったのは、人類のすべての歴史のなかで、日本の平安時代と、日本の江戸時代の二例しか存在しないことはあまり知られていない。中国にもインドにも欧州にも、二百年以上平和が続いた地域を見つけ出すことはできない。

●──高い値段で闇取引される日本パスポート

世界には旅券（パスポート）の闇市場があり、世界中の旅券が日夜取引されているらしい。筆者が学生のときにアジアを旅していると、不良の異邦人から「日本人は、いざとなったらパスポートを売ればいい金になるからうらやましい」と聞かされたことがあった。その不良によると、世界中の旅券のなかで、日本旅券が最も高い値段で売れるというのだ。日本旅券は、ビザなしで入国できる国の数がいちばん多く、また、ビザを最も簡単に取得できることがその理由らしい。日本旅券の所持者は世界の国々から歓迎され、また信頼されているのである。ところで、旅券を売ることは旅券法で禁止された行為であることを付言しておく。

では、なぜ日本旅券はビザなしで入国できる国が多いのか。当初、筆者は日本が経済大国であるから、世界の国々が日本人の入国を歓迎した結果であると思っていたが、どうやら理由はそうではないらしい。もし経済大国であることが理由なら、日本より二倍の経済力を持つ米国の旅券は、より高額でなければ理屈が合わない。

ところが、米国旅券は安い値段しか付かないという。米国は最大の経済大国であり、世界の英雄である一方、米国を恨んでいる国も多く、特にアラブ諸国を中心に米国人の入国に厳しい制限を設けている国もある。

世界が日本人を歓迎するのは、ペリー来航により開国して以来、日本が世界の国々と最も多くの和を育んできた結果ではないだろうか。よく「日本の外交は三流以下」といわれる。確かに、戦後の日本の弱腰外交を見ているとそう思いたくなる気持ちも分かるが、かといって私には米国の外交が一流とは到底思えない。同時多発テロ事件が起きたことが、米国外交の一つの結果であって、かかる事件は日本では到底起こりえないのである。世界中の国々と和を育むことは、一つの大きな外交成果にほかならない。

ならば、日本の外交は実質的には一流の側面を持っているのではないか。欧米諸国、ロシア、中国、台湾、アラブ、イスラエル、パレスチナなどと同時に友好な関係を持つ国は、世界を見渡しても日本だけである。日本が世界中の国と友好関係を保っているからこそ、国際社会のなかで日本が担える特別な役割があるのではないか。これは他者との協調を大切にしてきた日本の和の精神があってはじめて可能なことである。

●――「日本の歴史に驚嘆する」と語ったイラク人

日本人は、日本人が思っている以上に異邦人に愛されている。これまで行われてきた各種調査でも日本人は常に好感度上位に入っている。しかし、これも先述の旅券同様、日本人がお金や技術を持っているからではない。

筆者がイラク戦争直前にしばらくイラクのバグダッドにいたとき、地元の大学生とこんな会話をしたことを今でも克明に覚えている。私のことを日本人だと思って近くに寄ってきた地元のある大学生は、私に英語で「I love Japan」といった。興味があったので「Why?」と問いかけると、その学生から思いもかけない答えが返ってきた。

トヨタやソニーといった異国で有名なブランド名が出てくると思っていたところ、彼が日本好きな第一の理由は「Meiji revolution」(明治維新)だという。多くのアラブやアジアの国々が列強に国を破壊され、植民地化されたなか、日本だけは独自の力で近代化を達成して国を守り、有色人種の国で唯一列強に加わることができたことをその学生は強調した。

昨今の日本の大学生ですら明治維新の意義を知らない者が多い。イラクの大学生の口から明治維新という言葉が出てくること自体、驚きだった。私はその学生が特別な知識を持っていたのではないかと思い、後で数人の別の学生に問うてみたところ、やはり全員が明治維新を知っていた。

私が感心していると、その学生は続けて日露戦争について語りはじめた。アラブ世界の人々にとって小国日本が巨大なロシア帝国に戦争を挑み、世界最強といわれたバルチック艦隊を撃破したことは、狂喜乱舞するほどの喜びであり、その感覚はいまだに若い世代にも語り継がれているというのだ。

衝撃を受けて立ち尽くしている私に対し、その青年は次のように語りつづけた。これまでの歴史において、イラクを含め、米国に攻め込まれた国はたくさんある。しかし、あの米国に攻め込んだのは、後にも先にも日本だけだった。結果は残念だったが、その後わずか数年で国際社会に復帰し、東京オリンピック、高度経済成長を経て、屈指の経済大国にのし上がった。日本の国の歴史は驚嘆に値する、と語ってくれたのである。

その青年は、日本人が天皇の下に一つに結束する姿が美しく、そしてうらやましいという。天皇は歴史的に日本国を統合する機能を発揮してきた。よく天皇は扇の要に譬えられる。要が外れるとバラバラになってしまうように、天皇がなくなったら、日本はバラバラになってしまうことだろう。天皇を中心に国が一つにまとまっている状況こそ、和の精神を体現した究極的な姿なのかもしれない。

●軍艦沈没で育まれたトルコとの友好

日本の外交の歴史で、これほどの美談が他にあっただろうか。明治二十三年（一八九〇）に和歌山県串本町沖で沈没したオスマントルコ軍艦「エルトゥールル号」の遭難事件は、日本ではあまり知られていない。だが、トルコでは社会科の教科書に必ず紹介されている有名な事件で、日本とトルコの友好の証として、百二十年の時代を経た今もトルコ国民に記憶されている。

明治二十三年に特使のエミン・オスマン・パシャ提督率いる使節団が日本に派遣された。使節団は宮中で歓待を受け、明治天皇にオスマントルコ皇帝からの親書と勲章を献上した後、横浜港を出発し、本国を目指した。

日本国政府は、老朽化したエルトゥールル号に不具合が生じていたことや、台風の時期にあたることから、帰国を延期するように助言したが、一行は本国からの通達を理由に出発してしまう。これが運命の分かれ道となった。

出航から二日たった九月十六日の夜半、紀伊熊野灘に差しかかったエルトゥールル号は、北上中の台風の中心に入り込み、紀伊大島の樫野埼(かしのざき)付近の岩場に座礁(ざしょう)。そして、船底から浸水して機関が蒸気爆発を起こし、午後九時三十分ごろに沈没した。この遭難事故で生還したのはわずか六九名のみ。提督をはじめ約五〇〇名もの命が失われた。

外国船の遭難を知った地元住民は、夜を徹して生存者の救助と手当てに尽力した。翌朝には地元の村長が関係官庁に連絡し、医師の派遣を要請、さらには各戸一名の人手を出すように指示し、多くの村民たちが生存者を看病した。紀伊大島は貧しい島で、しかも、台風の影響で漁に出られず、島民は食べるものにも困る状況だったが、非常食として飼っていたニワトリなどの食料や、浴衣などの衣類を持ち寄り、遭難者たちに分け与えたと伝えられる。

『明治天皇紀』によると、この報せをお聞きになった明治天皇は大いに驚かれたという。天皇は即日、遭難者救助のために海軍の通報艦八重山を現場に派遣あそばされ、皇后は日本赤十字社を通じて医師と看護婦を随伴させられた。

そして、八重山の乗組員と島民は、収容した遺体を埋葬し、墓標を建てた。その後生存者たちの体力が回復すると、明治天皇は、軍艦比叡と軍艦金剛の二艦をオスマントルコに派遣し生存者たちを母国に送還することを命ぜられた。生存者六九名を分乗させた二艦は、明治二十四年（一八九一）一月にイスタンブールに到着した。盛大な歓迎を受けたことはいうまでもない。しかも事件の翌々年には、民間で集められた義捐金が届けられた。

しかし、日本とトルコの友情の物語にはまだ続きがある。遭難事件から九十五年の月日が流れた昭和六十年（一九八五）のことである。イラン・イラク戦争の最中、イラクのサダム・フセイン大統領は三月二十日午後二時（日本時間）以降、イラン上空を飛ぶ航空機をすべて撃墜する旨の声明を発した。

各国は軍用機や民間機のチャーター便を派遣して自国民の保護に努めたが、日本は自衛隊を海外派遣できないうえに、政府が日本航空に救援機の派遣を求めるも、同社の組合が安全性などを理由に反対したことで、日本人の保護ができない事態に至った。

そこで、イランに駐在する野村豊大使が困り、在イラン・トルコ大使のイスメット・ビルセル氏に相談したところ、なんとトルコが救援機を派遣して日本人を救出することになったのである。このとき、トルコ大使は「トルコ人なら誰でもエルトゥールル号遭難事件の際に受けた恩義を知っています。ご恩返しをさせていただきましょう」と語ったという。

そして、ほんとうにトルコ航空の飛行機二機がテヘランに派遣され、二一五人の日本人は全員救出、トルコ経由で日本に帰国できた。日本人を乗せた救援機がイラン領空を抜け出したのは、期限の一時間十五分前。少し遅れたら、撃墜される可能性もある危険な飛行だった。救援機の派遣を決めたトルコのトルグト・オザル首相（当時）は、他国民を助けるために、自国民を危険にさらす決断をしたのだ。

●──和して同じない君子の生き方

日本は「和の国」といわれる。我々は普段、厳密に定義することなく「和」という言葉を使うが、和は妥協して同化することではない。『論語』に収録されている次の孔子の言葉は「和」の真髄を見事に言い表している。

「君子は和して同ぜず、小人は同じて和せず」

孔子は、「和」とはすなわち、自らの主体性を堅持しながら他と協調することで、それこそが君子の作法であると説く。それに対して「同」とは、自らの主体性を失って他に妥協することで、およそ君子の作法ではなく、小人のすることだという。

「和」が協調であるのに対し、「同」は妥協であって、協調と妥協は同じようで実はまったく異なる。その違いは主体性を堅持するかどうかの違いによる。海外留学して日本を客観的に見ることで、ほんとうの日本人になって帰国する人もいれば、留学してすっかり異邦人になって帰ってくる人もいる。前者は日本人としての主体性を持つが、後者はその主体性をまったく失ってしまった例である。孔子は、和して同じない生き方は君子の生き方であるというが、日本人は君子たる天皇はもちろんのこと、小人すなわち民衆であっても、和して同じない君子の生き方をしてきたことは確認しておきたい。

平成二十二年（二〇一〇）秋、尖閣諸島沖で日本の海上保安庁の船に体当たりした中国漁船の船長を逮捕拘留し、中国で反日デモが頻発する事態に発展した。本来であれば、慣例どおり即時強制送還するか、もしくは司法の手続きに載せて裁くか、いずれかでなくてはならなかった。ところが、拘留を延長しておきながら、途中で船長を釈放したことで日本は国際社会から「中国の圧力に屈服した」と揶揄（やゆ）され、中国には尖閣諸島の領有権を放棄したかのような誤ったメッセージが伝わってしまった。この政府の対応は、自らの主体性を失って他に妥協する「同」であって、そこに「和」の影は微塵（みじん）も感じることができない。

外交問題で行き詰まったら「和の国」としてどのように振る舞ったらよいかを考えるべき

だ。ときに政治は、タカ派（強硬派）とハト派（穏健派）に分類されることがあるが、政治の本質は強硬と弱腰の問題ではない。日本国としての主体性を堅持しながら国際社会と協調していくこと、それこそが本物の外交であろう。

日本国家は日本国民が構成するのだから、構成員である日本国民がしっかりと日本人としての主体性を持っていなければ、組織としての日本国の主体性は発揮することができない。我が国が本物の「和の国」としてこれから営んでいけるかどうかは、ひとえに国民の意識にかかっている。そして、天皇の御存在があってこそ、日本が和の精神文化を守ってこられたことを忘れてはいけない。

第五章

八百万【やおよろず】

——大自然と調和する日本人

日本文明の最大の特徴の一つに「大自然との調和」がある。かつて自然を崇拝してきた民族は世界中に点在していたことだろう。だが、それらの民族のほとんどは没落の一途を辿り、なかでも国土と国家を持ち、一定の人口と国力を持つのは日本民族だけになってしまった。

世界の国々は、二十世紀までは経済成長だけを考えていてもよかったが、二十一世紀以降、人類は深刻な環境問題に直面し、持続する社会をいかに作り上げるかが国際的に重要な課題となった。古来、大自然との調和を重視してきた日本人の伝統的価値観は、むしろ異邦人に高く評価され、採り入れられている。いまや日本人がその価値観の意義を忘れてしまっているように見えるのは残念でならない。

世界が注目するのはプリウスや太陽光発電などに代表される日本の環境関連技術だけでなく、「もったいない」という考え方や、風呂敷などを介して伝えられる日本人の価値観にまで及ぶ。そして、これらは急速に世界に浸透しているように見える。大自然との調和を大切にしてきた日本人の伝統的価値観がどのように育まれてきたのか。そこには、日本の精神文化の原点を見出すことができる。

●——神宮式年遷宮と二酸化炭素収支

「この大きな鳥居に使われている材木はどこから持ってきたと思いますか。御正殿の棟持柱だったんですよ」

神宮会館の井田孝支配人が、伊勢の神宮の五十鈴川に架かる宇治橋の大鳥居を指さして、興奮しながら説明してくれた。五十鈴川は神宮の内宮を流れる神聖な川で、そこには神域への入り口となる宇治橋が架かり、その前後には巨大な鳥居が立っていて、参拝者は必ずこの大鳥居をくぐって内宮の神域に入ることになる。

神宮のすぐ近くにある神宮会館は、宿泊者からの申し込みがあると、無料で早朝に職員が一時間ほどかけて境内を説明しながら案内する「早朝参拝」を行っている。平成二十五年（二〇一三）の第六二回式年遷宮に向けて着々と準備が進められるなか、神宮会館の早朝参拝では、御正殿が遷宮で解体された後、その材料がどのようになるのか参拝客に説明している。木材の運命を聞いた人はみな、驚くという。

御正殿とは、それぞれ神宮の内宮と外宮の中心となるお宮の御建物で、そこには御神体が納められている。そして、御正殿の棟持柱は、湿気などの水分の重みで御屋根が下がってきたときに、それを支える左右の二本の柱のことで、神宮の神殿に使われる木材のなかで特に重要とされる。

その棟持柱は二十年間使用した後、鉋（かんな）をかけられて若干細く短くなり新品同様となって、宇治橋の大鳥居として甦り、さらに二十年間使用される。宇治橋の外側の鳥居に使われているのが、外宮の御正殿の棟持柱で、内側の鳥居に使われているのが内宮の御正殿の棟持柱である。参拝者は御正殿に近づくことはできないため、直接触ることができないばかりか、近くで目にすることもできない。だが、お役目を終えて鳥居になると、その禁断の御用材に誰でも直接触ることができるようになる。

しかも宇治橋の大鳥居は二十年後、再び鉋をかけられてまた少し細く短くなって甦り、今度は桑名市、亀山市で伊勢国の入り口の鳥居としてまた二十年間使用される。この段階ですでに六十年が経過しているが、材木の運命はまだ尽きない。再び鉋をかけられ、次は全国の神社に御神木として分けられ、これを拝領した神社は再び鳥居や社殿の材料として、朽ちるまで大切に使うのだ。

神宮では飛鳥時代から二十年に一度、式年遷宮が行われてきた。我が国における最も重要な祭りの一つである。内宮と外宮の御正殿をはじめとする主なお宮と、それらに付随する鳥

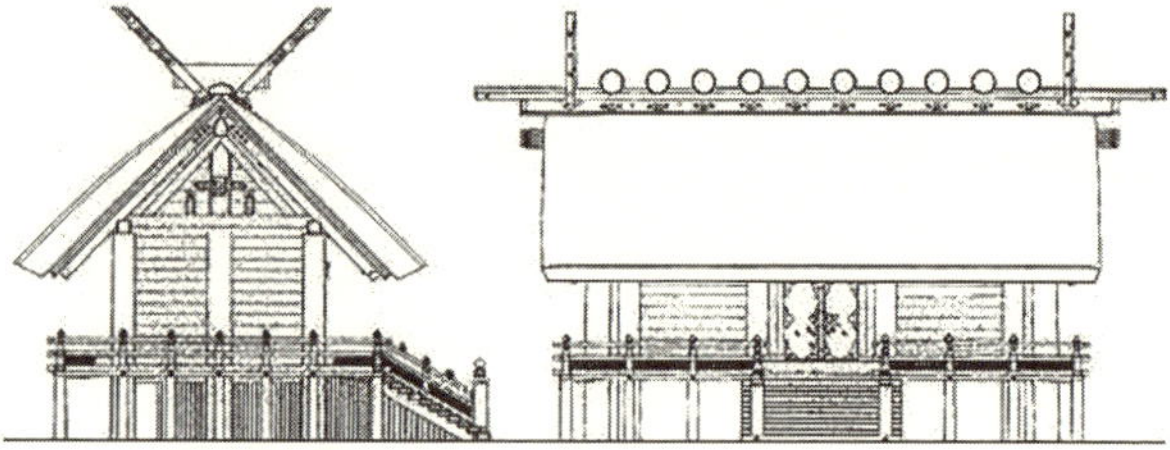

神宮（内宮）御正殿の様式（提供：神宮司庁）

神宮の御正殿の様式は、唯一神明造（ゆいいつしんめいづくり）という日本最古の建築様式で、切妻、平入（ひらいり）の高床式穀物倉庫が発展して宮殿形式になったもの。檜（ひのき）が用いられ、柱は地中に直接建てる掘立式。萱（かや）で葺（ふ）かれた屋根の両端には千木（ちぎ）が空高くそびえ、棟には鰹木（かつおぎ）が並ぶ。側面図の中央に見える屋根を支える柱が棟持柱

神宮の宇治橋と大鳥居（提供：神宮司庁）

居や板垣など、そして一五〇〇点を上回る夥しい数の御装束神宝が新しく作りなおされる。

　式年遷宮に必要な檜は約一万立方メートル。本数にして約一万三〇〇〇本が用いられるため、式年遷宮が森林破壊をしていると勘違いする人もいるかもしれない。

　しかし、樹木は大木になると代謝が落ちて光合成能力が低下する。すなわち、二酸化炭素の吸収力と酸素の発生量が低下するのである。そのため、古木がいつまでも残っている森は、全体として代謝の悪い森になってしまう。また、大木を伐採することで、その周辺に太陽の光が届くようになり、新たな木を育てることになる。したがって、間伐して樹木を育て、大木を一定の割合で伐採することは、森林破壊ではなく、むしろ森を再生することにつながる。

　木は成長する段階で大気から吸収した二酸化炭素を貯蔵し固定するため、いわば二酸化炭素の貯蔵庫といってもよい。木を燃やすときに発生する二酸化炭素は、その木が生長する過程で吸収した二酸化炭素がいっせいに大気に戻された結果なのだ。一方、伐採されて木材として利用されると、朽ちる過程で二酸化炭素をゆっくりと大気に戻す。そのため、二酸化炭素収支を考えると、木を木材に換えて長期間使用することは、まことに理に適っているというべきだろう。

このように式年遷宮は、結果として森を再生させるのである。神道において木は神とされる。神なる木を畏れながら大切に利用する式年遷宮の仕組みに循環型社会の典型を見出すことができる。

●――神宮の森の二百年の計画

そのような式年遷宮を支えるために森を育てている人たちがいることは、あまり知られていない。参拝客で賑わう伊勢の神宮の駐車場を抜けて、五十鈴川に沿って車を走らせると、およそ喧騒とはかけ離れた静寂な森に入る。神宮の内宮から見える森はすべて、宮域林と呼ばれる神宮の森で、その範囲は稜線（尾根）よりも向こう側の地域に及び、広さは計五四四九ヘクタール。伊勢市の面積のおよそ四分の一に該当する。車同士がすれ違うのも困難な県道から、さらに細い林道に入ると、森はいよいよ深く、昼間でも薄暗い。この聖なる森は平成二十五年（二〇一三）の式年遷宮で歴史的な役割を担うことになる。

宮域林は、約二千年前の第十一代垂仁天皇の御代に天照大御神が伊勢に御鎮座あそばされたときから、神の山として大切にされてきた。約千三百年前の第四十一代持統天皇の御代に、二十年に一度、御社殿をお建て替えする式年遷宮が始まると、宮域林は御造営用材を伐り出す御杣山に定められた。その後、森林資源の欠乏によって御杣山は木曾に移り、現在まで長らく伊勢の宮域林の用材は使われていない。

大正十二年（一九二三）に式年遷宮の御造営用材を再び宮域林で賄おうとする、二百年に亘る壮大な計画が決定され、翌年から植林が開始された。約八十年経過した今、計画は順調に進み、およそ二五〇〇ヘクタールが人工林となっている。このままいくと平成百五年（二〇九三）に行われる式年遷宮以降は、使用される約一万立方メートルの檜の九割以上を神宮の宮域林で毎回賄えるようになるという。しかし、幅一二〇センチメートルの御正殿の御扉に使われる御用材を採るには樹齢四百年以上の巨木が必要であり、それを含めたすべての用材を賄えるのは三百年以上先の平成三百四十五年（二三三三）の式年遷宮まで待たなくてはいけない。

平成二十五年の式年遷宮では、宮域林の間伐材が式年遷宮全体の約二割にあたる二〇〇〇立方メートルを賄うことになった。宮域林の御用材が使用されるのは約七百年ぶりのことであり、歴史的意義は大きい。

神宮営林部事業課長の倉田克彦氏は「目に見えないものに立ち向かっている思い」と語る。御杣山の復元事業は二百年の計画であり、数年ではその変化をとらえることはできない。何百年も先の式年遷宮の御造営用材を確保するために真剣に取り組んでいる人たちがいるのである。

木と共に歩んできた日本人

このように木材を大切に使っているのは、なにも伊勢の神宮だけではない。全国には約八万の神社がある。小さいお宮を含めるとその数は三〇万社に上るともいわれる。また、寺の総数も約八万を数える。全国の郵便局の数が約二万五〇〇〇、コンビニエンスストアの数が約四万であることと比較すると、神社や寺の数がどれだけ多いか分かるだろう。神社と寺の大半は木造であり、それらに使われる用材は、神聖なものとして万全の準備がなされ、朽ち果てるまで大切に用いられるのである。

それだけではない。伝統的な日本人の住居といえば木造と相場は決まっている。国土交通省の統計によると、平成二十（二〇〇八）年度の新設着工住宅の四七・五パーセントが木造で、そのうち一戸建てに限れば八五・七パーセントが木造であって、現代でも日本人の生活と木が密接につながっていることが分かる。

かつて大戦で米国は日本の都市を破壊するために、従来の爆弾とは異なる焼夷弾を開発した。欧州の住宅が石造りであるのに対し、日本の住宅は木造であるため、日本の都市を破壊するには爆発させる爆弾ではなく、油を撒き散らして火事を起こさせる爆弾が効果的と踏んだからだった。また、幕末に日本を訪れた異邦人たちは「日本の家は木と紙でできている」と驚きを交えて日記に記している。近年は米国でも木造住宅が多いが、日本人は古代から一貫して木造住宅に住みつづけてきた。

ただし、現代の日本の住宅は欧米に比べると著しく短い期間で建て替えられていて、住宅も大量生産大量消費されている。戦争で多くの建造物が破壊され、戦後復興で質の悪い住宅が大量に造られたことが、近年の住み替え期間が短くなった主な要因だと思われる。しかし、木造住宅は手入れを怠らなければ百年は使用可能であり、今後、国産材を用いた木造住宅に百年以上住みつづけることを基準とすべきであろう。それが、日本文明の価値観に合致した建築文化に違いない。

日本人は住宅に限らず、生活のあらゆる場面で木材と親しんできた。たとえば食具においては、素材が多様化した現代でも、味噌汁椀や箸や膳などは木製が基本であり、家具もほとんどが木製である。そして、神社の社頭で頒布されるお札は、木製か紙製である。お札の類がプラスチックに置き換わることは未来永劫ないだろう。古より日本人は木と密着した生活を営んできた。そして、木は神の依り代であり、一本一本が神であると観念され、神聖視されて大切に扱われてきたのである。

●──人の先祖は神である

日本人が神聖性を見出してきたのはもちろん木だけではない。山には山の神、海には海の神を観念し、万物に霊性を見出し、花弁一枚一枚にも神の姿を見ていた。神道において、神とは主に大自然のことを意味する。そして、日本の伝統的価値観によると「人は神の子孫」であるとされてきた。神の子孫とはすなわち「人は大自然の子孫」であることを意味する。人の先祖は大自然だと聞くと、非科学的であると思う人も多いだろう。しかし、よく検証すれば、これは極めて科学的な話である。

何事も突き詰めれば神の領域に辿り着くものだ。たとえば「自分はなぜ生まれたか」の問いに答えるなら、科学的には両親の性交の結果であることは明白だが、「なぜ精子は卵を目指して泳ぐか」「なぜ受精により細胞分裂が起きるか」といったこともさることながら、「なぜ人は人を愛するか」「なぜ人は子孫を残そうとするのか」や「なぜ生命が存在するか」など、いずれも遺伝子レベルやそれ以前の話になり、これらの問いはすでに神の領域の問題というべきだろう。究極的には科学が解明できる問題ではない。あらゆる理系の問題も、突き詰めれば最後は哲学や神学の領域に入っていくのである。

同様に、現代人の先祖を辿れば大自然に行き着くことは科学的な論考である。たとえば、百世代遡っても、一世代二十年で計算するとわずか二千年前の弥生時代までしか辿れないが、それより前には約一万五千年間続いた縄文時代、その前には旧石器時代が横たわっている。旧石器時代の人が現代日本人の先祖であることは考古学的にほぼ疑いがない。何万年も前に、現代人の先祖が日本列島に生きていたことは疑いのない事実である。

では、ホモ・サピエンスが誕生する前はどうだったのだろう。これには二つの考え方があり、ダーウィンの進化論を肯定するか、否定するかに分かれる。進化論自体が人間の起源を説明する一つの学説に過ぎず、学界は肯定論と否定論に分かれ、学問的な決着に至っていない。それどころか、むしろ進化論に対しては根強い批判がある。

まず進化論を肯定する場合は、人の先祖は猿人であり、遡ればすべての生命の起源は、地球の海中にはじめて生命が誕生したときまで遡ることになる。したがって、進化論を肯定する立場に立てば、現代人の先祖は、時代を遡るほど大自然に拡散していく。神道において大自然は神であるから、この価値観によれば、人の先祖は神であることになろう。

一方、進化論を否定すると、人は猿や別の動物から進化したものではなく、最初から人だったと考えることになる。この場合、人の起源はいまだ不明で、有力説すら存在しない。すると、神が自らの姿に似せて人を造ったとするキリスト教の創造論や、日の神の御子（みこ）が高天原から地上に降り立ったという『古事記』『日本書紀』が記す天孫降臨が事実である可能性も生じる。もし創造論が事実なら、人を造ったのは神であり、また、もし天孫降臨が事実なら、いよいよ人の先祖は神ということになろう。

現状では、進化論を否定するなら、創造論や天孫降臨の事実性を肯定する以外に人類の起源の説明は付けられないのではないか。筆者は個人的に、天孫降臨が事実であるならば、いろいろな物事の辻褄が合うと考えている。

いずれにしても、進化論の真偽と、創造論・天孫降臨の事実性はともかく、人の先祖は神たる大自然であると結論づけることができる。このことは、なにも宗教の話をしているのではなく、極めて科学的な考え方であろう。日本人は、先祖を拝む延長線上に、さらなる先祖にあたる神たる大自然を畏れ敬ってきたのであって、このような原始時代から一貫した日本の伝統的価値観は、ごく自然な発想に基づいているのではあるまいか。

節制を重んじた歴代の天皇

このように万物に神が宿ると考え、大自然を畏れ敬って、自らを神の子孫と観念してきたことにより、日本人は古来、大自然から受ける恵みを大切にしてきた。そのことは節制を重んじてきた天皇の生活に見ることができる。

古くは『古事記』『日本書紀』に、贅沢を良しとしない天皇の姿が描かれている。「聖帝（ひじりのみかど）」と呼ばれた第十六代仁徳天皇が、人家から煙が立っていないことから、民の生活が困窮しているとお嘆きになって、三年間すべての課税と役務をやめるように詔（みことのり）あそばされたというのは有名な逸話である。このとき宮中では倹約が徹底され、屋根の萱が外れても、天皇はこれを葺くことをお許しにならず、部屋から星が見えるありさまで、雨漏りにも耐えなければいけない状況だったという。天皇の衣類や履物も新調することが禁止され、食物も至極質素なものに限られた。

記紀のこれらの記述が史実ではないとの意見もあるようだが、その真偽はともかく、このように節制を重んじる天皇の姿が、理想的な天皇像として語り継がれ、歴代の天皇が手本にしてきたことは紛れもない事実である。

朝廷の財政が最も逼迫した応仁の乱後にも、美しい天皇の生きざまが見える。第百五代後奈良天皇の時代は、御所を囲う築地塀が崩れても修繕できず、三条大橋から内侍所（宮中にある神殿）の灯火が見え、紫宸殿（即位礼が行われる宮中の中心的建物。天皇の正式な玉座である高御座が納められている）近くで茶を売る者がいたほどで、即位礼が挙行されたのも践祚から十年後だったと伝えられる。践祚は天皇が先帝から、皇位の証である三種の神器を受け継ぐ儀式で、続けて宗教儀式である大嘗祭が行われ、その後に天皇即位を内外に示す即位礼が行われるのが習わしであるが、即位礼が践祚から十年後に行われるのは極めて異例である。

そのような財政難のなか、後奈良天皇は、国難が起きるたびに伊勢の神宮などに宣命を奉って祈りを捧げ、特に天文九年（一五四〇）の疫病の流行では、金字による宸筆（天皇の直筆）の般若心経を、二五カ国の一宮に奉納あそばされた。そして、そのうちの七カ国ぶんの写経が現存している。天皇の食事も十分に賄えない財政難のなか、全国の一宮に写経を奉納することは、並大抵のことではなかろう。

幕末の第百二十一代孝明天皇の時代も激動の時代だった。『孝明天皇紀』には、国難が起きるたびに、自らの食膳を減じて祈りを捧げる天皇の姿が記録されている。安政五年（一八五八）には、最悪の場合には欧米と一戦を交えなくてはいけないとお考えになった孝明天皇は、宮中経費削減の沙汰を発せられ、お酒がお好きだったにもかかわらず宮中での遊宴などは廃された。天皇は昼夜を通してお悩みになり、夜も寝付けず、食事も喉を通らない御様子であったと伝えられている。

皇室が質素を好むのは近代以降も変わることがなかったようだ。明治天皇の贅沢嫌いは徹底していらっしゃった。軍服や靴が擦り減っても修理を命ぜられるのみで、決して新調をお許しにならず、また全国に建てられた立派な別荘を一度もご利用にならず、娘たちにも使わせなかったという。天皇のお気持ちは常に国民と共にあり、天皇だけが特別であることをお好みにならなかった。昭和天皇の贅沢嫌いもよく知られている。

世界の歴史には、ルイ十六世や西太后などに見える、権力者が贅沢三昧をしてきた記録は枚挙に遑がないが、そのような逸話は日本の皇室には伝わらない。国が疲弊した困難な時代はもとより、日常的に歴代天皇は質素倹約を是とし、現在に至るのである。

そして、そのような感覚は、天皇のみならず民衆においても同様で、歴史的に贅沢は美徳とされてこなかった。むしろお金は穢れとされ、貴族たちにとってはお金の話をすることもタブーとされてきたのである。この感覚は現代日本人にも継承され、たとえば公の場で贅沢や金銭の話をすることははしたないこととされている。

●――大自然と見事に調和した巨大都市「江戸」

節制を重んじる考えが徹底されると、おのずと大自然との調和を大切にする感覚が芽生えるものである。それが近年世界に注目された「もったいない文化」の基礎を作った。よく日本は和の国であるといわれるが、日本人が重んじてきたのは、人と人との和、地域と地域との和、国と国との和だけではなく、最終的には大自然と人との和にまで及び、大自然を正しく畏れ、そして正しく利用してきたのである。

大自然との調和については、日本が世界に誇るべきものは多々あるが、なかでも江戸の循環構造は、どの国の都市も到達できなかった「持続する都市」を実現した稀有な例である。

江戸は家康から家光までの三代の間に急速に都市として整備され、人口が急増し、外に向けて市街地が拡大していった。

享保四年（一七一九）、江戸の人口は一〇〇万人を突破し、延享三年（一七四六）には一二〇万人となる。一七五〇年ころ、欧州最大の都市ロンドンでも、人口は約七〇万人に過ぎない。ニューヨークにいたっては約二万人という規模だった。いかに江戸が巨大都市だったか想像することができよう。十八世紀に人口一〇〇万人を超える都市は、世界中で江戸しかなかった。「八百八町」と呼ばれる江戸は、世界最大の都市だったのである。

江戸の街は江戸湾（現在の東京湾）を取り囲むように沿岸に栄えた。街を田畑が囲み、また田畑を森が囲む「海・街・田畑・森」の四段構造になっていたのが特徴である。森は生命に不可欠なリンなどの養分の宝庫であり、森の養分は河川によって運ばれ、田畑と街を経て海に注がれる。河川は田畑に栄養分を供給して野菜を育て、人々の生活を潤し、江戸湾に富栄養化をもたらして海藻や魚介類を育てた。このように、高いところにある森の養分は川を伝って森→田畑→街→海という順序で低いところへ移動する。江戸は、広大な関東平野から養分が自然と集まる位置にあり、大自然の恵みを享受できる立地条件にあった。

しかし、江戸が欧州のような垂れ流しの街であれば、やはり同じように汚物と悪臭にまみれた都市になっていたに違いない。江戸がエコシティといわれる最大の理由は、都市部と江戸湾に集積された養分が森に戻される循環構造が確立されていたところにある。

森の養分は重力によって河川を伝って自然と江戸湾に流れ込むが、いったん下ったものを元の場所に戻すのは重力とは別の作用が必要である。それを担ったのが動物と江戸の人々の動きだった。江戸には下から上へと物質を動かす流れが存在した。まず、江戸の人々は江戸湾の魚を釣り上げて食べ、また海藻を採って浅草海苔にした。江戸の魚は「江戸前」と呼ばれ、種類が豊富でいくらでも獲れた。森から運ばれた養分は、今度は魚や海苔に姿を変えて再び陸に揚げられたのである。百数十万人の胃袋を満たすため、江戸湾から回収される栄養分の量は決して少なくなかった。

海産物として陸に揚げられた養分は、次に人の手によって田畑に運ばれることになる。人糞は貴重な肥料となるため、一切れ残らず田畑に投入された。そして田畑の養分は、鳥と小動物によって森に運ばれ、海→街→田畑→森という養分の流れが成立していた。これが江戸の循環構造である。

●――『古事記』に見る日本人の自然観

江戸の循環構造は、江戸だけのものではなく、大坂をはじめ日本のいたるところに同様の循環型の都市が形成された。これは日本人が環境問題を意識して造り上げたものではない。当時は環境保全の概念などなかった。無意識のうちに大自然と調和の取れた都市を造っていたのである。それが可能だったのは、古代の日本人がすでに大自然の仕組みをある程度正しく理解していて、自然の摂理を経験的に知っていたからではなかったか。『古事記』には古代日本人の自然観が表れていて、彼らが大自然の仕組みを正しく理解していたことを読み取ることができる。

『古事記』が編纂されたのは飛鳥時代で、科学の知識はほとんどない時代だった。しかし、これほど大自然の摂理を正確に記述した神話が他にあるだろうか。高天原の統治者を太陽神の天照大御神としたことは、生命の根源が太陽にあることを経験的に知っていた結果であろう。植物は光合成によって有機物を作り出し、動物はこれを体内に取り込むことで細胞を構成し、活動するのであるから、実に的確な設定になっている。

また、高天原を追放された須佐之男命（すさのおのみこと）が、鼻、口、尻から食材を出して料理して差し出した大気津比売神（おおげつひめのかみ）を殺したとき、その神の屍（しかばね）から蚕、稲、粟、小豆、麦、大豆などが次々と生じたという逸話が『古事記』にある。これが後に「種」として地上に授けられたのが五穀の起源とされる。排泄物から料理を作った神の屍から五穀が生じたというのは、排泄物が大自然に還り、また食物になるという物質循環の仕組みを暗示している。飛鳥時代の日本人は排泄物も資源であることを知り、畑に人糞を入れて農業をしていた。そして、神の子孫が人であるという考え方が、ある意味で科学的であることはすでに述べたとおりである。

古代の日本人は科学の知識がなくとも、鋭い観察力により大自然の原理を体で知っていたようだ。『古事記』に記された自然観が、現代日本人の自然観となっている。人は大自然の恵みによって生かされる存在であり、日本人は感謝の念を抱きながら歩んできた。このような大自然との調和を重んじる考えは、日本文明の価値観を反映させたものである。

一方、欧米人の自然観は日本人のそれとは大きく異なる。『聖書』が、神は大自然の管理を人間に委任したと記すとおり、キリスト教社会において、人は大自然の管理者であり、人と大自然では人の方が上位に位置すると考えられている。物質的に豊かな現代社会を生んだのはその考え方の賜物であろう。だが、自然を管理するなどという考え方は、およそ日本には馴染まないものである。糞尿を河川に垂れ流し、長年都市問題に悩みつづけた欧州の都市の構造は自然の摂理に反するものであり、江戸の循環構造と著しく異なる。自然観の違いは社会の構造にも表れるのである。

●──大自然の恵みを得る確実な方法

日本人が大自然を神として畏れ敬い、調和を重んじてきたからこそ、歴史的に日本人は大自然の恵みを最大限に享受することができたのではないか。たとえば、森一つとっても、森を大切に守ってきたからこそ、森の保水能力により、日本には他国に類を見ない豊かな水源がある。また、森から河川を通じて海に大量の栄養分が運び込まれることにより、日本列島周辺は豊かな漁場となっている。魚介類の種類の豊富さにおいて、日本は世界でも卓越している。大自然を大切にすることが、大自然の恵みを得る確実な方法であることを、我々の先祖は知っていたのであろう。

欧米の考え方によれば、都市は森林と対立する概念として考えられる。世界史の常識によれば、都市が栄えれば森が衰え、森を保とうとすると都市は栄えられない。だが日本は、都市が栄えることで豊かな森が育った稀有な国である。

市街地では実感しにくいが、飛行機に乗ると日本の国土のほとんどが森であることに気付かされる。我が国の森林面積は約二五〇〇万ヘクタール、森林率はおよそ六七パーセント。世界平均二九・六パーセントを大きく上回る。森林率が六〇パーセントを超えるのは二三カ国のみで、そのうち国土が一〇〇〇万ヘクタール以上の国はアジアでは日本と北朝鮮のみである。アメリカ大陸やユーラシア大陸を飛行機で横断しても、ほとんど森林はない。

では、日本は昔から森林国だったかというと、そうではない。かつて日本の山は禿げ山だった。人間が街を作り、活動が盛んになるにしたがって、徐々に森が茂っていったのである。本来、人間は生態系の仕組みのなかで営みを続けていたのであり、人間が栄えることで生態系全体が活気を帯びることが可能だった。

終戦までは日本人が出すゴミは生ゴミと糞尿が中心だった。これらの廃棄物の養分は都市周辺の畑に運ばれ、結局は平野を取り囲む森林に還元され、山は豊かな森林となった。たとえば慶長（けいちょう）八年（一六〇三）に徳川家康が江戸に幕府を開いたとき、まだ江戸は地方の田舎町で、周囲は荒れ地だったが、江戸後期までには豊かな武蔵野の森が形成された。東京周辺の森は、江戸の人たちが育てた森なのである。

このようにして形成された森は、今度は江戸の住民に自然の恵みを与え、さらに都市を繁栄させることになる。人が栄えて森が栄え、そしてまた人が栄える。これこそ人間と大自然との理想的な付き合い方ではあるまいか。

だが、現在の日本人が出すゴミは大半がプラスチックなど分解されないゴミであり、しかも生ゴミは燃やされ、糞尿も処理して海に流され畑へ還されない。養分が森に還元されない仕組みになってしまった。これでは歴史的な欧米の都市と同じで、都市が栄えても森は栄えない。

●――天皇と環境との密接な関係

天皇と環境は極めて密接な関係で結ばれている。日本人の環境観を語るに、天皇の御存在を無視して語ることはできない。日本人は環境問題に対する感覚が鋭いといわれる。それもそのはず、日本人は四季のある自然の豊かな島国で、縄文時代から大自然との付き合い方の作法を模索しながら何千年も営みを続けてきたからだ。

日本人の宗教観の原点は大自然と先祖への感謝の気持ちにある。我々の祖先は、自然の恵みを頂いて生かされていると観念しながら生きてきた。この発想が神道に発展したと考えてよい。

天皇の御役割をひと言で言い表すことは困難だが、「天皇は祈る存在」といえば大きく外れることはなかろう。歴史的に宮中祭祀の中心にあるのは新嘗祭、つまり五穀豊穣を感謝する祭りである。また、天変地異が起きると、歴代の天皇は宮殿の奥深くで自らの不徳を詫びることを繰り返してきた。天皇は国民一人ひとりの幸せを祈る存在として、人間界と自然界の接点にいらっしゃると私は考えている。

『古事記』には神の子孫が天皇になり、神や天皇の子孫が人になる経緯が記されている。神は永遠の命を持つが、伊耶那美神（いざなみのかみ）の呪いにより、人には寿命が与えられている。そのため、神と人の違いは寿命の有無によって判別することができる。日の神の御子もはじめは寿命がなかったが、天照大御神の孫にあたる邇邇芸命（ににぎのみこと）が山の神の娘である石長比売（いわながひめ）を実家に帰したことで、山の神の呪いにより、早くも日の神の御子にも寿命が与えられることになった。そのため、初代神武天皇をはじめ歴代の天皇には寿命がある。したがって「天皇は神か人か」と問われれば、寿命がある点において「人である」とすべきであろう。日向三代の時代（邇邇芸命からその孫までの時代）に神の代から人の代に移行したのである。ただし、天皇の神としての性格が失われたわけではない。

そして、天皇の特異性は、特定の氏族や地域の祭祀ではなく、国全体の祭祀を行うことにある。さらに、『古事記』が記すように、天皇は天つ神から地上世界を知らすように命ぜられた特別な御存在であるからこそ、神々の世界（大自然）と人間の世界の接点に立つことができるものと思われる。我が国は、そのような特別な御存在を君主として、二千年以上の長きに亘って仰ぎつづけてきたのである。

●――日本は環境問題を解決する鍵を持っている

近年、日本人の価値観が世界的に注目されつつある。「もったいない」が世界語になったことは、第三章で詳しく述べたとおりであり、そのことは、大自然との調和を重視する日本人の価値観が世界的に高く評価されていることを示している。日本人のモノを大切にする感覚や、江戸に代表される循環型社会の発想など、日本人が昔から自然とリデュース・リユース・リサイクル・リペアの４Rを実践してきたことは、異邦人にとっては驚異的ですらある。

パリでは風呂敷に人気があるという。風呂敷はゴミを出さずにお洒落にしかも楽しみながら使うことができるため、環境保全の象徴的なアイテムとなっているようだ。欧米ではそのような日本的なものもまた「クール・ジャパン」といい、そこにカッコよさを見出している。

現代において人類が直面する二大問題は和平と環境だといわれるが、日本は地球規模の環境問題を解決するための鍵を持っていると私は思う。しかし、大きな使命を担っているにもかかわらず、当の日本人が、その伝統的価値観を失いつつあるのではないか。異邦人は日本の伝統的価値観に得も言われぬ尊敬の念を抱いていることを知るべきだろう。そして、我々はそれに相応しい日本人に立ち戻らなくてはなるまい。

第六章

天皇【すめらぎ】

——なぜ京都御所にはお堀がないのか

日本人は明治維新を経ることで国を守った。だが、その一方で維新により我々は大きなものを失った。我が国が大国への道を選んだ代償として失ったのは「日本文明」である。今の日本にいちばん足りないのは「日本」ではないか。失われた日本文明を取り戻したとき、日本はほんとうの輝きを取り戻すだろう。

日本は「神の国」である。日本文明を考えるとき、天皇の存在を語らずに済ませることはできない。日本の歴史は天皇の歴史であり、天皇の歴史がすなわち日本の歴史なのだ。天皇の存在は日本文明の基礎を成し、また日本人の意識のなかに存在しつづけてきた。たとえ、霞が関や国会が破壊されても、原子力発電所が大事故を起こしても、核ミサイルが撃ち込まれても、日本がなくなりはしない。だがもし天皇をなくしてしまったら、それだけで日本は消滅する。逆にいえば、天皇さえ存在していれば、日本は日本でありつづけるのだ。日本人にとって天皇はどのような存在なのか、日本文明の根本である天皇を知れば、日本文明の構造が見えてくる。

一般に「天皇」と表記すると「てんのう」と読むが、大和言葉では「すめらみこと」や「すめらぎ」などという。なかでも「すめらぎ」と読むと、ただの天皇ではなく「連綿と続く天皇」を意味し、世界最古の国家である日本を象徴する言葉に相応しい。失われた美しい日本の姿を取り戻すために、日本文明の基礎たる天皇に焦点を当てたい。

●――日本は世界最古の国

世界には一九〇以上の国があるが、現存する国家のなかで、日本は建国から最も古い歴史を持つ。国家が編纂した正式な歴史書である正史『日本書紀』は、初代神武天皇の御即位が紀元前六六〇年だったことを記す。以来二千六百年以上の長きに亘り、神武天皇の男系の子孫が脈々と皇位を継承し現在に至る。これを「万世一系」という。現在の天皇陛下は第百二十五代であらせられ、百代以上続く王朝は世界で他に例がない。

神武天皇の御即位によってヤマト王権が成立し、それが後に日本列島の大部分を統治する大和朝廷へと発展する。そしてその後、王朝は一度も途絶えることなく、現在の皇室につながっている。

しかも、日本は王朝だけでなく国家としても断絶は見られない。政治の仕組みは時代と共に変化してきたが、国家の連続性が途切れたことはない。大和朝廷は各地の豪族が天皇の下に束ねられたもので、当初から天皇が政治権力を行使する立場になく、豪族が政権を担ったと考えられている。平安時代になると摂関政治が始まり、公家（くげ）が政治を担う体制が確立した。そして、平安時代後期には武家政権が成立したことで、朝廷から政治権力が切り離さ

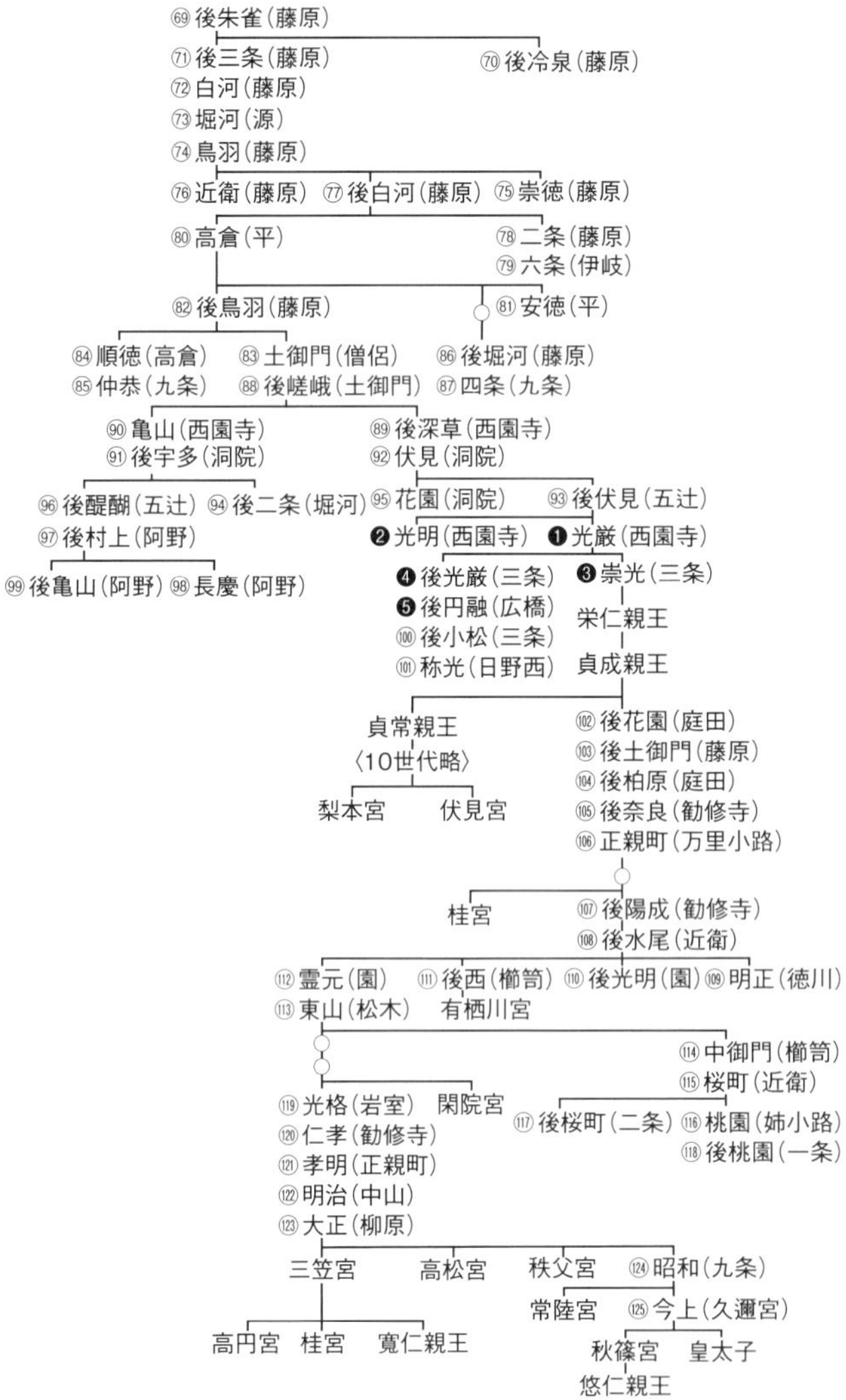
⑲後朱雀（藤原）
⑳後三条（藤原）
⑳後冷泉（藤原）
㉒白河（藤原）
㉓堀河（源）
㉔鳥羽（藤原）
㉖近衛（藤原）
㉗後白河（藤原）
㉕崇徳（藤原）
⑳高倉（平）
㉘二条（藤原）
㉙六条（伊岐）
㉒後鳥羽（藤原）
㉑安徳（平）
㉔順徳（高倉）
㉓土御門（僧侶）
㉖後堀河（藤原）
㉕仲恭（九条）
㉘後嵯峨（土御門）
㉗四条（九条）
㉚亀山（西園寺）
㉙後深草（西園寺）
㉛後宇多（洞院）
㉜伏見（洞院）
㊱後醍醐（五辻）
㉞後二条（堀河）
㉟花園（洞院）
㉝後伏見（五辻）
㊲後村上（阿野）
❷光明（西園寺）
❶光厳（西園寺）
㊴後亀山（阿野）
㊳長慶（阿野）
❹後光厳（三条）
❸崇光（三条）
❺後円融（広橋）
栄仁親王
⑩後小松（三条）
⑩称光（日野西）
貞成親王
貞常親王
〈10世代略〉
梨本宮
伏見宮
⑩後花園（庭田）
⑩後土御門（藤原）
⑩後柏原（庭田）
⑩後奈良（勧修寺）
⑩正親町（万里小路）
桂宮
⑩後陽成（勧修寺）
⑩後水尾（近衛）
⑪霊元（園）
⑪後西（櫛笥）
⑩後光明（園）
⑩明正（徳川）
⑪東山（松木）
有栖川宮
⑪中御門（櫛笥）
⑪桜町（近衛）
⑪光格（岩室）
閑院宮
⑪後桜町（二条）
⑪桃園（姉小路）
⑫仁孝（勧修寺）
⑪後桃園（一条）
⑫孝明（正親町）
⑫明治（中山）
⑫大正（柳原）
三笠宮
高松宮
秩父宮
⑫昭和（九条）
常陸宮
⑫今上（久邇宮）
高円宮
桂宮
寛仁親王
秋篠宮
皇太子
悠仁親王

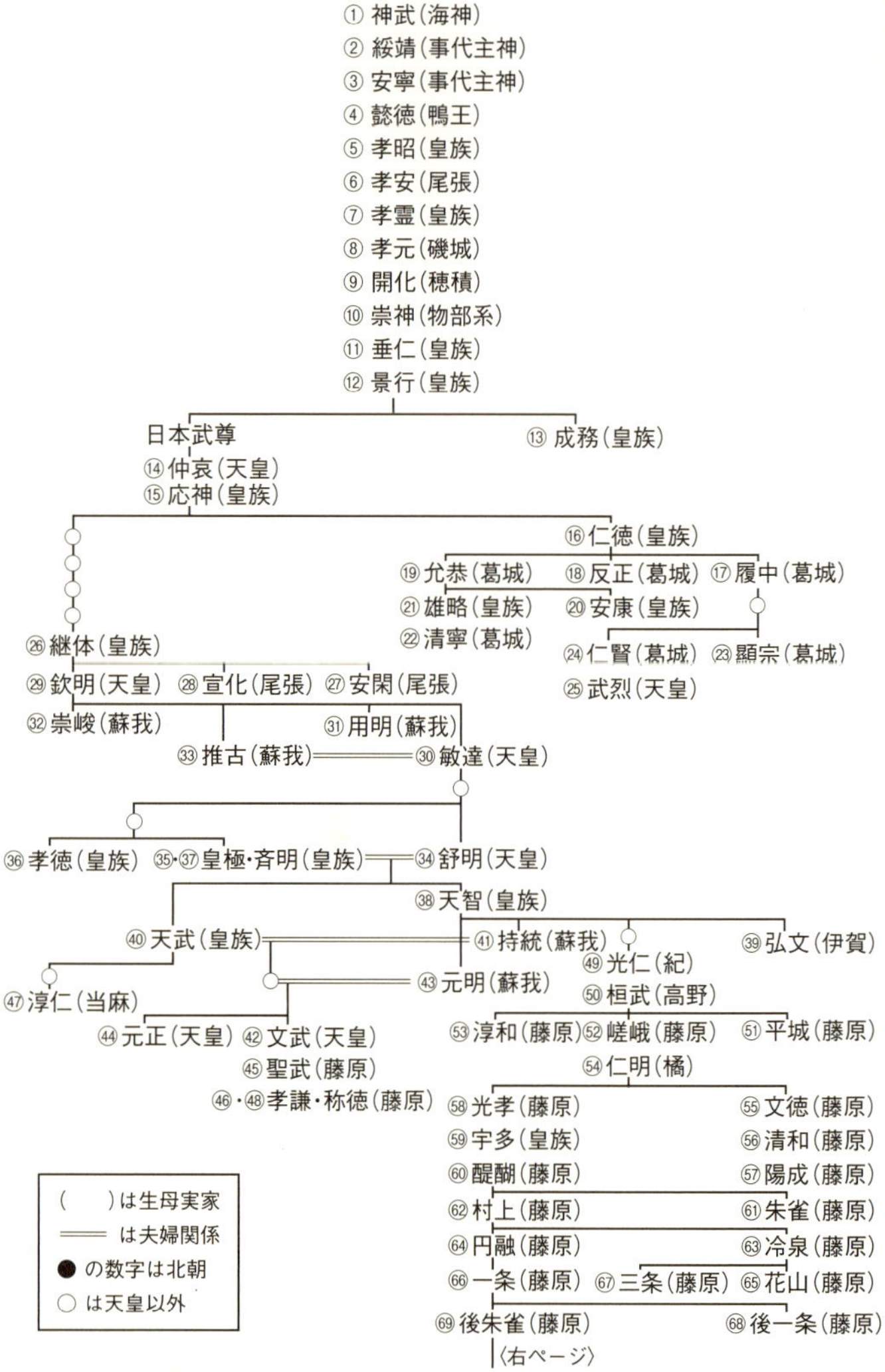

天皇家皇位継承図（八幡和郎『歴代天皇列伝』PHP研究所より作成）

れ、その状態は幕末の大政奉還まで続いた。明治維新を経て大日本帝国憲法が発布されたことで我が国は立憲君主国となり、現在は日本国憲法の体制にある。

このように、歴史の節目ごとに国の体制は変化してきたが、それらの変更は「政体」の変更であって、「国体」の変更ではない。国体とは国の在り方の根本を指す。国体については、これまで様々な定義が用いられてきたが「天皇が御存在あそばされることで自然と国が統合されている状態」と理解するとよいだろう。それは「天皇が君臨する状態」と表現することもできる。

天皇が君臨する状態が連続していることは、歴代の政治最高権力者が例外なく天皇に任命されてきた事実からも確認できる。摂政、関白、太政大臣、将軍などは天皇に任命されなければ就任することはできず、現在の内閣総理大臣も例外ではない。日本の歴史に、天皇の任命なく最高権力者の座に就いた者は一人もいない。

したがって、我が国は朝廷の歴史が連続しているのみならず、国家の歴史も連続している。大和朝廷と現在の日本国は連続性のある同一の国家であるから、日本の建国は初代神武天皇の御即位まで遡らなくてはいけない。

●──我が国の建国はいつか

家族の誕生日を祝うように、学校や会社の創立や、建国記念もめでたいものである。我が国の建国記念は、正史『日本書紀』の記述を根拠に、二月十一日としている。日本の建国を祝うにあたり、神武天皇御即位を除いて他に相応しい日は存在するはずもない。

ただし、建国の年については意見が分かれる。確かに神話の記述についてその年代を特定することは困難だ。しかも、年代が弥生時代まで遡るため、文字史料は存在しない。『日本書紀』によると日本は平成二十三年（二〇一一）二月で建国から二千六百七十一年を迎えることになるが、これについては「事実ではない」との強い批判もある。

ヤマト王権成立を確認することができるのは、三世紀初頭に奈良県の三輪山周辺に前方後円墳が造られたときである。前方後円墳は諸外国には例のない特殊な形をしていて、やがて日本列島の広い範囲にこの特殊な古墳が造られるようになったことから、前方後円墳の出現はヤマト王権成立を示し、これをもって古墳時代の始まりと定義される。

古墳時代を通じて一定の方向に文化が積み上げられていることや、大規模な戦争の形跡が一切見られないことなどから、古墳時代に王朝交代が起きたことは想定できない。そして、飛鳥時代以降に有力な王朝交代説はないことから、ヤマト王権の成立は最も遅く見積もっても、今から約千八百年前の三世紀初頭となる。

だが、王権が成立した途端に巨大な古墳を造営できたとは到底思えない。一地方政権が徐々に勢力を拡大して統一政権になったのであろうから、王権成立の兆しが表れてから巨大古墳を造営するまで、数百年を要していたとしても不思議はない。しかも、古墳時代前は時間の流れが緩やかだった。我が国が建国から二千年以上経過していると考えることはむしろ自然であろう。

私は『日本書紀』の記述に最大限事実性を見出す立場に立ち、我が国の建国は紀元前六六〇年との説を支持している。日本建国について、詳しくは拙著『旧皇族が語る天皇の日本史』（ＰＨＰ新書、第一章・第二章）を参照されたい。

●――『日本書紀』は真実の書

大戦終結後、皇室の権威を少しでも落とそうと、多くの王朝交代説が主張された時期があった。しかし、王朝交代説はいずれも根拠は貧弱で、まもなく学界ですべて否定され、今では下火になっている。ヤマト王権から現在の皇室までの間には断絶は認められず、一つの王朝が継続していることは明白である。

また、神話は非科学的で学ぶに値しないものとされ、初代の神武天皇は架空の人物であるとの考えが広がった。だが、物事が「ある」ことを論証するのは簡単だが、「ない」ことを示すのは困難に違いない。少なくとも正史『日本書紀』に記述されている以上、不存在の確実な証拠がない限り、これを軽々しく否定すべきではなかろう。神武天皇の実在を否定する論は、その根拠はいずれも状況証拠の域を出ず、不十分なものに終始し、決定的な証拠は何一つない。

それに、神武天皇の本質は初代天皇であることに尽きる。世襲によって皇位が代々受け継がれてきたのだから、初代天皇は実在したはずだ。創業者がいない会社がないように、天皇も初代がなくして百代も百二十五代もあろうはずがない。したがって「神武天皇はいつの人物か」は議論することが可能だが、「神武天皇は実在したか」という命題は議論の余地がないのである。

また、『日本書紀』が記す神武天皇東征（即位前の神武天皇が九州から畿内にお遷りになった記述）の事実性を否定する論もあるが、これも決定的な証拠はない。むしろ、青銅器が九州から畿内に普及したことなど、考古学の知識を動員すると、一定の勢力を持った王権が九州から畿内に移動したと見る方が自然である。

しかし、そもそも科学の知識を用いて神話を否定するのは愚の骨頂ではないだろうか。欧米がそうであるように、科学の知識はむしろ神話を補強するために用いられるべきである。欧米では非科学的であることを理由に、ノアの箱舟やマリアの処女懐胎などの『聖書』の記述を否定する人はいない。

国際社会の常識では、国家が編纂した正史に書かれたことは、それが他国の権利を侵害しない範囲において、真実と見なされる。『日本書紀』の記述は、それが事実であるか否かにかかわらず、真実と見なされるのである。「見なされる」とは、仮に反証があっても覆(くつがえ)らないことを意味する。真実は必ずしも事実と一致するとは限らない。神武天皇の存在も真実であり、事実性は重要な問題ではない。神武天皇は我が国の悠久の歴史のなかで、日本人の集合無意識に刻まれつづけてきた。そのことは神武天皇が実在することよりも尊い。真実は事実を上回るのである。

●――二千年以上も国を守ったという奇蹟

日本が二千年以上国家を営んできたことは世界史の奇蹟に違いない。その歴史がいかに長いかは、他の国と比較すると分かりやすい。日本に次いで長い歴史を持つ国はデンマークである。デンマークは建国から千数十年が経過したが、それでも日本の半分以下である。第三位は英国で千年に満たない。アメリカとフランスは歴史が浅く、中国に至ってはまだ六十年程度の歴史しかない。ロシアはソ連邦崩壊でできた新しい国である。

よく「中国四千年の歴史」というが、詭弁(きべん)である。四千年前に中国に存在していた国家と現在の中華人民共和国は、国としての連続性がまったくない。それでも中国四千年にこだわるなら、侵略の意図を持って日本を二度も攻めた元も、今の中国と同一の国家ということになるだろう。神風によって日本は辛うじて国を守ることができたが、多くの日本の兵士が命を落としただけでなく、鎌倉幕府滅亡の要因になった。日本を軍国主義呼ばわりする前に、元の日本侵略の反省をしてほしいものだ。もし神風が吹いていなければ、今ごろ日本列島は中国の一部になっていたことだろう。

蒙古襲来の他にも日本の危機はあった。幕末から維新にかけての間、日本を植民地化しようと狙っていた欧米列強が次々と艦隊を派遣したのも、日本にとっては脅威だった。その対処をもし間違えていたら、アジアの多くの国々がそうであったように、日本もロシアやオランダの植民地になっていた可能性がある。そして最大の危機は、大東亜戦争に敗北したこと

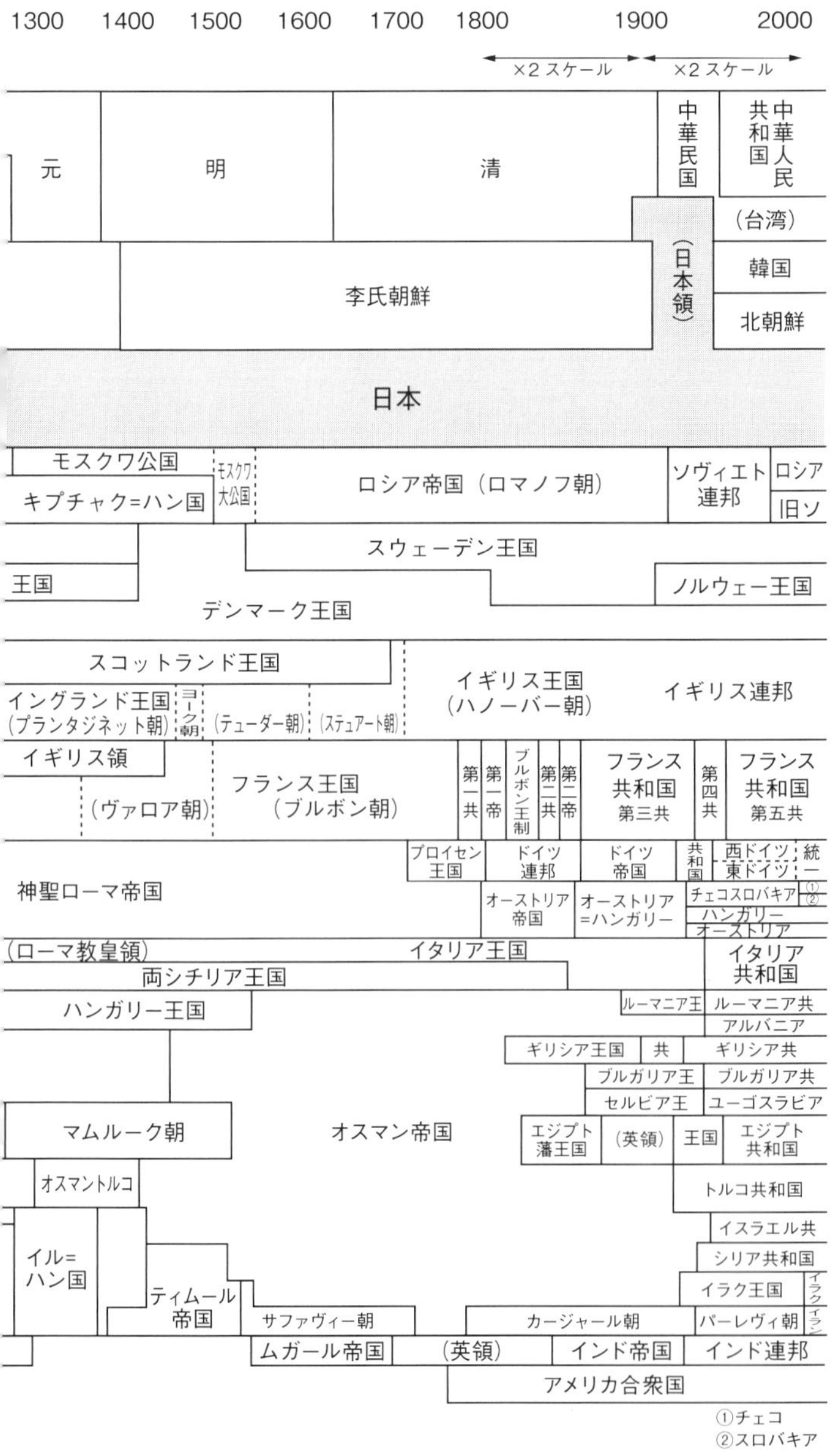
1300
1400
1500
1600
1700
1800
1900
2000
×2 スケール
×2 スケール
元
明
清
中華民国
中華人民共和国
（台湾）
李氏朝鮮
（日本領）
韓国
北朝鮮
日本
モスクワ公国
モスクワ大公国
ロシア帝国（ロマノフ朝）
ソヴィエト連邦
ロシア
旧ソ
キプチャク=ハン国
スウェーデン王国
王国
ノルウェー王国
デンマーク王国
スコットランド王国
イングランド王国（プランタジネット朝）
ヨーク朝
（テューダー朝）
（ステュアート朝）
イギリス王国（ハノーバー朝）
イギリス連邦
イギリス領
（ヴァロア朝）
フランス王国（ブルボン朝）
第一共
第一帝
ブルボン王制
第二共
第二帝
フランス共和国第三共
第四共
フランス共和国第五共
神聖ローマ帝国
プロイセン王国
ドイツ連邦
ドイツ帝国
共和国
西ドイツ
東ドイツ
統一
オーストリア帝国
オーストリア=ハンガリー
チェコスロバキア
①
②
ハンガリー
オーストリア
（ローマ教皇領）
イタリア王国
イタリア共和国
両シチリア王国
ハンガリー王国
ルーマニア王
ルーマニア共
アルバニア
ギリシア王国
共
ギリシア共
ブルガリア王
ブルガリア共
セルビア王
ユーゴスラビア
マムルーク朝
オスマン帝国
エジプト藩王国
（英領）
王国
エジプト共和国
オスマントルコ
トルコ共和国
イスラエル共
イル=ハン国
シリア共和国
ティムール帝国
イラク王国
イラク
サファヴィー朝
カージャール朝
パーレヴィ朝
イラン
ムガール帝国
（英領）
インド帝国
インド連邦
アメリカ合衆国
①チェコ
②スロバキア

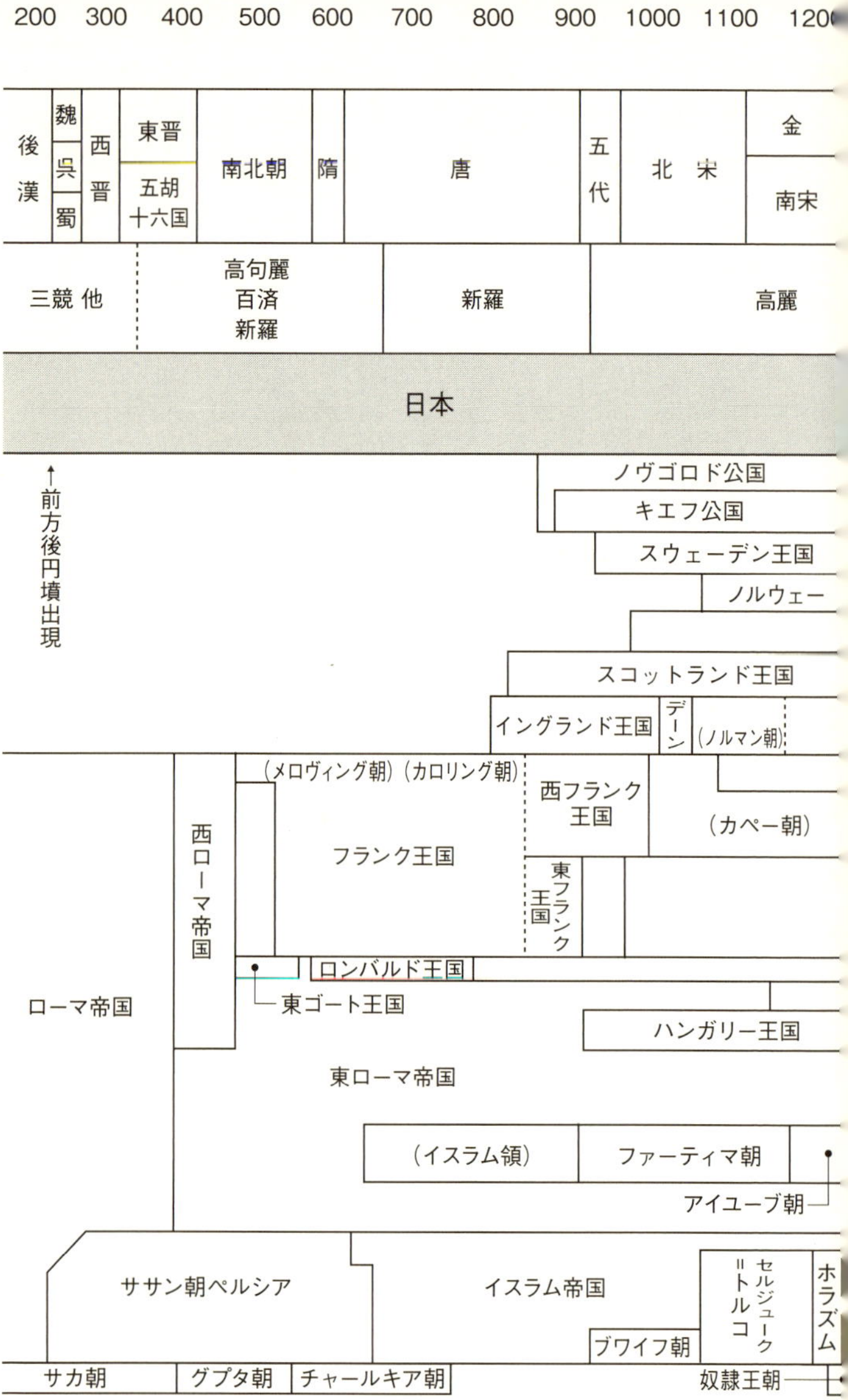
200 300 400 500 600 700 800 900 1000 1100 1200
後漢
魏
呉
蜀
西晋
東晋
五胡十六国
南北朝
隋
唐
五代
北宋
金
南宋
三競 他
高句麗
百済
新羅
新羅
高麗
日本
前方後円墳出現
ノヴゴロド公国
キエフ公国
スウェーデン王国
ノルウェー
スコットランド王国
イングランド王国
デーン
(ノルマン朝)
ローマ帝国
西ローマ帝国
(メロヴィング朝)
(カロリング朝)
フランク王国
西フランク王国
(カペー朝)
東フランク王国
ロンバルド王国
東ゴート王国
ハンガリー王国
東ローマ帝国
(イスラム領)
ファーティマ朝
アイユーブ朝
ササン朝ペルシア
イスラム帝国
ブワイフ朝
セルジューク=トルコ
ホラズム
サカ朝
グプタ朝
チャールキア朝
奴隷王朝

である。連合国は当初、皇室を廃止する計画だった。このときも対処を間違えていたら、日本の国のかたちは破壊されていただろう。

そのような数々の危機を何度も経て、日本が二千年以上も国を守ってこられたことは、奇蹟以外の何物でもない。あまりに偶然が重なると、必然ではないかとさえ思える。

確かに、ヤマト王権が成立する前、世界には国家があった。だが、それらの国家はすでに滅び、今は一つも存在しない。中国や欧州を含め、世界の歴史は王朝交代の歴史であり、これまで多くの王朝が興っては滅びてきた。

特に十八世紀以降は、王朝にとっては受難の時代となった。世界各地でフランス革命や辛亥革命に代表される共和革命が頻発し、王制を打倒して共和国を樹立する流れが起き、多くの皇帝や王が退位を余儀なくされた。現在、王朝を保っているのは世界で三〇カ国を下回り、そのほとんどの王に政治的実権がない。二〇〇八年にもネパールが王制を廃し、共和国になったことで、また一つ歴史的な王朝が姿を消した。

近現代に限らず、本来的に国家は脆弱なものである。世界史の年表を見ても、二百年以内に滅びる国が大半を占め、五百年以上続いた国は数えるほどしかない。

●――京都御所こそ本来の皇居の姿

では、日本の皇室はなぜ二千年以上も続いてきたのだろう。皇室が強い軍事力を持ち、反乱分子をことごとく打ちのめした結果二千年続いたのではない。むしろ歴史的に天皇は軍を持たない存在だった。

高松宮宣仁（のぶひと）親王殿下が生前に同妃喜久子（きくこ）殿下に次のようにお話しになったという。

> 皇族というのは国民に護ってもらっているんだから、過剰な警備なんかいらない。堀をめぐらして城壁を構えて、大々的に警護しなければならないような皇室なら、何百年も前に滅んでいるよ。
>
> （『文藝春秋』平成十年八月号）

殿下は皇族であられるので、謙虚なお考えをお示しになったように思う。皇室が国民によって守られてきたのであれば、国民もまた皇室によって守られてきたのではあるまいか。天皇と国民は、支え合いながら長い歴史を共に歩んできたのである。

そのことが視覚的によく分かるのは、京都御所である。現在の皇居は元来、徳川将軍の城だが、平安時代から明治初期までの千年以上の間、機能してきた京都御所こそが、本来の皇居の姿である。その京都御所にはお堀がない。それどころか、敵の侵入を防ぐための石垣や、敵を迎え撃つための櫓（やぐら）、そして見張りのための天守閣など、防衛のための施設は何もない。しかも、御所内に兵を駐屯させる施設すら存在しないのだ。京都御所はまったくの丸腰なのである。

京都御所は設計の段階から、敵が攻めてくることなど一切考慮されていない。まったく無防備な御所に住みつづけた天皇も、まさか誰かが攻め込んでくるなど想像もされなかったことだろう。民衆の蜂起に怯（おび）えるような事態も起きたことがない。それは、京都御所の前身である平城京や藤原京、それ以前の都に置かれた天皇の御所もすべて同じであった。

もしほんとうに天皇を暗殺しようと思ったら、薄くて高くもない塀一枚を越えれば、御殿は障子と襖（ふすま）で区切られているだけなので、あとは紙二枚程度で玉体（天皇の身体）まで辿り着けてしまう。それにもかかわらず誰も御所を攻めなかったのは、天皇を殺そうとする者がいなかったからである。国内で戦争が起きることはあっても、それは武家の権力闘争のための戦争であり、王朝を倒すための戦争はこれまで一度も起きたことがない。

もっとも、天皇や皇族が攻撃の対象となり、また皇居の周辺で戦闘が行われた例はある。

防衛施設を持たない京都御所（著者撮影）

だが、それらは壬申の乱や保元の乱など皇位をめぐる皇室内の抗争や、承久の変など天皇が倒幕のために挙兵をした例、また蛤御門の変など君側の奸を打ち払うとの大義に基づいたものに限られ、王朝を倒すためのものではない。

◉――祈る存在としての天皇

世界史の常識では、王は軍事要塞である城に住むものである。『聖書』はイエス・キリストの言葉として「剣を持つ者は剣によって滅びる」（マタイの福音書、二六章五二節）と伝えるとおり、軍事力によって支えられる王権は、常に別の軍事力に怯えなくてはいけない構造にあるのだろう。

また、世界の王は軍事力だけでなく、民衆の蜂起を常に警戒しなくてはいけない運命にある。現に欧州ではしばしば民衆が王朝を打倒することがあった。一歩間違えば民衆は敵になるのだ。

日本の天皇を世界の王と同じようなものと考えたら大きな間違いを犯すことになる。日本の天皇と世界の王は成立背景、存在意義、権力構造、民との関係など、どれを取っても根本的に異なるからだ。

欧州の絶対君主制に反対して起きてきたのが民主主義である。近代になると世界では君主から権力を取り上げ、国民がこれを手にするための戦いが繰り返されてきた。君主主義と民主主義は対立する概念だった。

ところが、日本においては、将軍や藩主などの権力者と民衆が対立したことはあっても、古来、天皇と国民は対立関係にはなく、君主主義と民主主義は対立する概念ではない。天皇は日本国の「祭り主」であって、将軍や国王などの権力者を超越する存在だったのだ。

「祭り主」には二つの側面がある。一つは神事、そしてもう一つが政事である。政治の「政」は「まつりごと」と読むことがあるが、この二つを合わせたのが「祭り」ということになる。天皇は祈る存在であり、国民一人ひとりの幸せをお祈りになる。これが神事であり、現在は主に宮中祭祀として続けられている。重要な神事は夜行われ、代理が利かないため天皇が御自ら神事をなさる。

それに対して政事は、昼に行われ、天皇がこれを直接行わないことを大原則とする。天皇は政事の最終責任者を任命し、政事は天皇の名において行われるのである。現在も日本国憲法第七条が規定するとおり、内閣総理大臣の任命、国会の召集、衆議院の解散、法律の公布など、重要な国事は天皇の国事行為とされている。

天皇の統治は、もともとは「知らす」といわれていた。日本は天皇が知らす国であって、それは天皇が直接政治権力を行使するのではなく、天皇が広く国の事情をお聞きになり、治定し統合していくことを意味する。つまり、天皇は存在することにより、国を一つにまとめる力を発揮してきたのであり、諸外国の王の統治とはまったく概念が異なるのだ。

神事は天皇が直接行うのに対し、政事は天皇が直接行わないことを原則としていることから、両者の間では比較的神事の方が重要で、「祭り主」としての本質は神事の方にあるといえる。天皇は祈る存在であるといわれるのはそれによる。以上のような二つの側面を一身に担うのが「祭り主」たる天皇なのである。

日本において天皇と国民が対立する関係になかったのは、天皇は「祭り主」であり、祈る御存在だったからであろう。いつの時代も日本国民はそのような「祭り主」を大切に守ってきた。

●――国難に出遭うたびに強くなる絆

では、なぜ天皇は毎日国民一人ひとりの幸せをお祈りになるのか。それは、天皇にとって最も大切なものは、国民だからである。天皇は「国民」や「百姓」などと書いて「おおみたから」とお読みになる。

平成十六年（二〇〇四）の歌会始のお題は「幸」で、全国から二万七〇〇〇を超える歌が宮内庁に寄せられた。日本国民は年に一度、歌会始のときだけ、天皇陛下に歌を詠進することができる。この年、国民のほとんどは「幸」を「自分の幸せ」という意味で用いたが、天皇陛下の御製は、「人々の幸願ひつつ国の内めぐりきたりて十五年経つ」と、「幸」を「国民の幸せ」という意味でお使いになった。この御製からも、天皇陛下にとって最大の幸せは、国民の幸せであることを窺い知ることができる。

他の国にない日本の特徴の最たるものは、天皇と国民の絆ではなかろうか。天皇と国民は、何をもってしても絶対に断ち切ることのできない、強靱な絆によって結ばれている。

日本人全体を一族と考えたら、皇室は日本人の宗家ともいえる存在で、天皇はその家長にあたると考えたら分かりやすいだろう。天皇と国民の関係を何かに譬えるなら、親と子の関係に似ている。

親が子供一人ひとりに最大の愛を注ぐように、天皇は国民一人ひとりに最大の愛を注いできた。親の愛と、天皇の愛は、いずれも見返りを求めない真実の愛であり、親と子、天皇と国民の間に損得勘定は存在しない。子供が一人増えるたびに、子供一人あたりに注がれる親の愛情が変わらないように、国民一人ひとりが天皇の最大の愛を独占してきた。そして国民は、国民の幸せを祈りつづける天皇を、深く信頼しお慕い申し上げ、大切にしてきたのだ。

だから、子供である国民は親である天皇を攻めたりするはずがない。王朝を倒すことに何の正当性も見出すことはできなかった。我が国は古より天皇の黄金の愛に包まれた、光り輝く島国だったのである。

そして、天皇と国民の絆は、国が混乱し、または大きな国難に出遭うたびに強くなってきた。近年では明治維新と大東亜戦争が挙げられる。占領当初、連合国は、日本国民は天皇を恨んでいると考え、皇室を廃止する方針を立てていた。ところが、予備調査をしたところ、九割以上の国民が引き続き天皇を大切にしていきたいと答えたという。その後、昭和天皇の全国巡幸が行われ、天皇と国民の絆はさらに強固なものとなった。

一方、世界の王は、日本の天皇のように国民と絆で結ばれることはなかったようだ。たとえばイタリア王室の最期は惨めだった。第二次世界大戦でイタリアが敗北し、連合国の占領を受けたときに、王制廃止の是非を問う国民投票を経て、圧倒的多数の支持を受けて王室は廃止されてしまった。イタリア国民はイタリア国王を恨んでいたようだ。その経験があったため、連合国は先述のように、日本でも同じ方法で皇室をなくすことを考えた。

歴史の長い英国でも国王と国民の関係は弱い。平成九年（一九九七）にダイアナ妃が交通事故で亡くなる事件があった。ところが、エリザベス女王がお悔やみの言葉を述べなかったこと、そしてバッキンガム宮殿に半旗を掲げなかったことなどが、女王のダイアナ妃に対する冷たい仕打ちととらえられたのである。それが元で英国民の多くが王室の態度に不満を抱くようになり、バッキンガム宮殿前に夥しい数の花束が積み上げられ、大規模な無言の抗議に発展した。

だが、王室には王室の理屈があった。ダイアナ妃はチャールズ皇太子と離婚が成立していて、すでに王族の身分を離れていた。そのため、女王がお悔やみの言葉を述べるのは適切ではないとの判断は至極当然である。また、英国の歴史において王族が亡くなっても宮殿に半旗を掲げる先例はなかった。

国民の感情はほとんど集団ヒステリーのような状態になり、トニー・ブレア首相が女王と国民の仲を取り持とうと必死になって動いたことは、映画『The Queen』（英国、二〇〇六年）で細かく描写されている。ブレア首相は伝統を枉げてお悔やみの言葉を発し、半旗にするよう、粘り強く女王を説得した。しかし、ダイアナ妃が亡くなってからわずか数日の間に国民の不満は頂点に達し、当時の世論調査の結果によると、英国王室廃止が王室存続を上回る事態に至った。結局、女王は首相の進言を聞き入れて、全世界に向けてお悔やみの言葉を発し、宮殿に半旗を掲げたことで、国民の感情は元に収まった。

英国王室は「世界から王様がいなくなっても、トランプのキングと英国王だけは不滅である」と称えられたほどの存在だが、その英国ですら、国王と国民の関係はかくも弱いものであるかと驚かざるをえない。

●──国民を大切にされる大御心

日本は建国以来、いかなることがあっても、先述の英国のように国論が皇室廃止に傾くことはなかった。そして、歴代の天皇は国民の幸せを祈るだけでなく、国家の危機にあたっては自らを犠牲にして、積極的に国民を守ろうとしてきたことを忘れてはいけない。国民を大切にされる天皇の大御心（おおみごころ）は、言葉だけではなく、歴代の天皇によって実践されてきたのである。

大東亜戦争終結後に昭和天皇がマッカーサー元帥とお会いになった際に「この戦争の責任はすべて自分にある。自分の命はどうなっても構わない。一億の民を飢えさせないでほしい」と仰せになったことはよく知られている。

マッカーサー元帥は恐らく天皇は命乞いをしに来ると思っていただろう。それが世界史の常だからだ。しかし昭和天皇はマッカーサー元帥のまったく想像していなかったことをおっしゃったのである。世界の歴史にかつてこのような君主があっただろうか。「国民の幸せが自分の幸せ」という考えを表面的ではなく、本心から確信していらっしゃらなければ、このような御言葉が発せられることはあるまい。

私はかつて、この昭和天皇の御言葉は、昭和天皇の個人的な御性格のみによるものだと思っていた。しかし、国家の危機にあたり、同じように仰せになり、国難の打開に尽力あそばされた天皇が多くいらっしゃったことを考えると、あの御言葉は個人的な御性格のみではなく、むしろ皇統の意思であると考えるべきなのではないか。私は百二十四代の歴代のどの天皇が昭和天皇と同じ立場にお立ちになっても、必ず同じことを仰せになると確信している。

中国の元が日本を攻めたとき、亀山上皇が伊勢の神宮に奉った宣命にも、自らの命に代えて神国を守っていただけるように書かれていた他、応仁の乱後の混乱した時代に、後奈良天皇が二五カ所の一宮にお納めになった宸筆の般若心経の奥書には、自らに徳がないため民に災難が降りかかったと嘆き、自らの罪を戒める悲痛な言葉が記されている。当時は交通手段も未発達で、しかも宸筆の写経を届けるにはそれなりの行列を組む必要があり、相当の費用がかかったはずだ。天皇が自らの食べ物にも困窮する状況のなか、これを実行するのは並大抵のことではない。幕末の孝明天皇も、在位中に国難が起きるたびに自らの不徳を嘆く数々の宸翰（しんかん）（天皇直筆の文書）を残していらっしゃる。

●——仁徳天皇の美しい逸話

そして、このような美しい天皇のお姿は、仁徳天皇の逸話まで遡ることができる。仁徳天皇が高台にお立ちになり、民家から炊煙が上っていないのをご覧になり、しばらく徴税を停止される旨を命ぜられたことはすでに述べた。その三年後に天皇は再び高台にお立ちになり、今度はしきりに炊煙が上っているのをご覧になって、皇后に次のように仰せになったと伝えられる。

「天が君主を立てるのは、民のためであり、君にとって民は根本である。だから、民が一人でも飢えるのならば、君は自らを責めなくてはならない」

仁徳天皇がほんとうにそのようにおっしゃったかどうかはさておき、古代からこのような美しい天皇の姿が語り継がれてきたことにこそ重要な意味がある。歴代の天皇は美しい天皇の姿を手本にしてこられたことだろう。その積み重ねの結果が、昭和天皇の「自分の命はどうなっても構わない」という御言葉なのだ。

仁徳天皇の御言葉に注目してほしい。「君」とは天皇のことを意味する。すなわち、天皇は国民のために存在しているというのだ。そして、国民が一人でも飢えたら、それは天皇の責任であるとまで明言していらっしゃる。その後歴代の天皇は、天変地異や国家動乱が起きるたびに、御簾(みす)の奥深くにお鎮まりになり、ひたすら自分の不徳を詫びてきたのである。雨が降り過ぎても、雨が降らなくても凶事はすべて天皇の責任であり、一方豊作などの吉事が起きると、それは国民の努力の結果と考えられてきた。日本はなんという素晴らしい国なのだろう。

日本では早くも古代において、すでに民主主義の原理が聖帝といわれた仁徳天皇の御言葉として語られていた。これは驚くべきことではないか。そして時代が下り江戸時代になると、米沢藩主の上杉鷹山が家督を譲る際に、藩主の心得として申し渡した「伝国の辞」に「国家人民の為に立たる君にて君の為に立たる国家人民にはこれ無く候」と、同じ考え方が書かれている。古代から語り継がれてきた君主の心得が地方政治にも活かされたことにも注目したい。後に、アメリカの第三十五代ジョン・F・ケネディ大統領が、最も尊敬する政治家として上杉鷹山を挙げたという有名な逸話がある。

一八六三年十一月十九日に、第十六代エイブラハム・リンカーンがゲティスバーグで行った演説の「government of the people, by the people, for the people」(人民の人民による人民のための政治)の一節は、民主主義の本質を語ったものとして世界的に知られる。アメリカは民主主義の国を作り上げ、何か人類の新しい舞台を生み出したかのように思う人もいるだろうが、私にいわせれば、アメリカの政治は日本のそれより千年以上も後れている。古代から現在まで一貫して、君主自ら「民のために君主がある」と考え、国民本位の政治を行って国を治めてきた国は、世界広しといえども日本の他にはない。

●――日本人が最後に守るべきは三種の神器

世界の国々はどれも個性があり、国の仕組みも様々だ。しかし、どう考えても、天皇を仰ぐ我が国のかたちが、他のどの国のかたちよりも優れているとしか私には思えない。欧米が近代になって始めた議会制民主主義もいまだ実験段階で、社会主義に可能性がないことももここ十数年でようやく分かってきたくらいだ。

日本という国家が存在していることによって、我々日本国民がいかほどの恩恵を受けているか、その程度は計り知れない。皇室の御存在は日本国民の最大の福祉を担保している。もし皇室がなければ、日本も他と同様に、王朝交代が繰り返されていただろう。それどころか、日本でも宗教戦争が繰り返されていたに違いない。

したがって、日本人にとって最も大切なのは皇祖から連綿と続いてきた皇統を守ることなのである。かつて三島由紀夫は、日本人が最後に守るべきは「三種の神器」であるといった。三種の神器とは、天皇が天皇であることの証であり、御鏡と御剣と御勾玉（まがたま）の三つの神宝により構成され、天皇のあるところに神器があり、また神器があるところに天皇があるといわれる。三島がいったことは、本章の主題である「すめらぎ」と関連がある。

「天皇」と書くと通常は「てんのう」と読むが、この読み方は中国の音であり、日本文明を論じるにあたっては日本の音の方が相応しいと思い、大和言葉にした。しかし、大和言葉でも「すめらみこと」「すめろき」「すめらぎ」など、読み方は複数ある。

ただし、「すめらみこと」は単に天皇、もしくは特に今上天皇を指す言葉であるのに対し、「すめろき」と「すめらぎ」は、皇祖もしくは皇祖から続く皇統を意味する言葉で、古より続く皇統の連続性を含んだ文脈で用いられるため若干意味合いが異なる。

たとえば、「すめろき」は八世紀後半に編纂された『万葉集』の福麻呂(さきまろ)歌集に「日本国(やまとのくに)は皇祖(すめろき)の神の御代より敷きませる国にし有れば」とあり、また同じ『万葉集』の大伴家持(おおとものやかもち)の歌に「ひさかたの天(あま)の戸開き高千穂の嶽に天降(あも)し須売呂伎(すめろき)の神の御代より」と見える他、「すめらぎ」は十九世紀の良寛歌に「すめらぎの千代万代の御代なれや花の都に言の葉もなし」と用いられている。

三島由紀夫が最後に守るべきものとして、天皇ではなくあえて三種の神器といったその心は、もし玉体と三種の神器が同時に危機に瀕(ひん)し、いずれか一方しか守れない場合は、玉体ではなく三種の神器を守らなくてはならないという意味だ。彼のいう三種の神器とは、すなわち連綿と続く皇統を意味する。皇統さえ守れば天皇は継承されるが、玉体を守るために皇統を破壊してしまったら、元も子もないという発想だろう。

ならば、天皇を「すめらみこと」ではなく、皇統の連続性を含めた「すめろき」もしくは「すめらぎ」と読むべきだと私は考えた。また、発音の易しさから「すめらぎ」としたことを断っておこう。

日本の皇室が二千年以上続いたのは偶然ではない。それは必然であり、それなりの理由があってのことである。日本の天皇は「千代に八千代に」と歌われるように、未来永劫、継承され守られるであろう。もし世界から王がいなくなって、不滅といわれたトランプのキングと英国王がなくなったとしても、天皇(すめらぎ)だけは君臨しつづけるに違いない。そして、天皇(すめらぎ)が安泰ならば、我が国は大丈夫なのである。

終章

ジャパン・ルネッサンス

——日本文明復興

●――衣食足りずとも礼節を知る

明治維新は正しかったか。これまで維新は正しいものとされ、その陰の部分について論じられることは少なかった。

確かに我が国は維新を経ることで国を守った。ペリー提督率いるわずか四隻の軍艦に怯え、開国せざるをえなかった弱い日本はその後、富国強兵の路線を採り、短期間のうちに欧米列強と並ぶ強国にのし上がった。ペリー来航から七十年後の大正九年（一九二〇）には、国際連盟設立にあたり、仏・英・伊と共に常任理事国となり、有色人種の国としてははじめて米国を含めた五大国の一員となったことは特筆すべきだろう。大東亜戦争で国は焦土と化したが、その後は短期間のうちに復興を果たし、今度は経済大国として世界中の富を集めた。明治維新がなければ、列強に蝕（むしば）まれ、日本はいずれかの段階で解体されていたと思われる。現在の日本国の繁栄の基礎は明治維新にあるといえるだろう。

ところが、明治維新により日本人は大きなものを失ったのではないか。我が国が大国への道を選んだ代償として失ったものは「日本文明」である。

日本文明は江戸時代中期に完成し、幕末に頂点を極めた。文明とは、個別の文化が高度化して一つの有機体を作り上げた結果である。明治維新前の日本は、大自然と生活が見事に調和し、人々は勉強と仕事に励み、質素に慎ましく、笑いの絶えない、伸び伸びとした生活を送っていた。その様子は、当時日本を訪れた異邦人たちの日記に克明に記されている。

初代米国総領事タウンゼント・ハリスが日本に到着してまもなく、浦賀奉行らと会見した日の日記に「我々一同はみな日本人の容姿と態度とに甚だ満足した。私は、日本人は喜望峰以東のいかなる民族よりも優秀であることを、繰り返していう」と書き残した。このときはまだ着いたばかりで、西洋の民族の方が優れている前提の書き方だが、やがてハリスは、民衆の生活については日本が世界で最も豊かな国であるとの認識に至った。

下田に駐在したハリスがその地の労働者の生活について書き残した一文と、柿崎を訪れたときの一文を紹介したい。

この土地は貧困で、住民はいずれも豊かでなく、ただ生活するだけで精いっぱいで、装飾的なものに目をむける余裕がないからである。それでも人々は楽しく暮しており、食べたいだけは食べ、着物にも困ってはいない。それに、家屋は清潔で、日当りもよくて気持がよい。世界の如何なる地方においても、労働者の社会で下田におけるより

もよい生活を送っているところはあるまい。

柿崎は小さくて、貧寒な漁村であるが、住民の身なりはさっぱりしていて、態度も丁寧である。世界のあらゆる国で貧乏に何時も附き物になっている不潔さというものが、少しも見られない。彼らの家屋は、必要なだけの清潔さを保っている。土地は一吋(インチ)もあまさず開墾されている。

英国の歴史家トーマス・カーライルは産業革命によって荒廃したロンドンの様子を「それは恐らく人間生活のなかで、もっとも野蛮な地方においてさえ見られなかったほどのひどい光景である」と述べた。当時、産業革命も終盤に差しかかった欧米諸国では労働者階級は貧困に喘(あえ)ぎ、極端に不潔で惨めな生活を強いられていた。欧米の先進都市は必ずスラムを伴い、労働者の犠牲の上に華やかな都市文化が成り立っていたのである。また、アラブやアジアの他の地域でも民衆の貧困はごく自然なものだった。

ハリスの文章から、下田は貧しいことが分かる。しかし、それでも民衆は十分な食べ物を得られ、幸せそうに暮らしていた。富裕層が上質な生活をするのは欧米でも当たり前だが、労働者が食べるものに困らないのは、完全に世界の常識に反していたのだ。日本の大都市に乞食がいないことも多くの異邦人を驚かせた。

かつての日本人は貧しくとも楽しく、貧しくとも清潔に、貧しくとも礼儀を重んじ、そして貧しいからこそ勤勉に働きよく学ぶ、そんな集団だった。よく「衣食足りて礼節を知る」というが、そのころの日本人は「衣食足りずとも礼節を知る」人たちだったのである。

しかし、現在の日本にはそのような日本の美しさはほとんどなくなってしまった。人々は楽して儲(もう)けることばかり考え、金を持つ者を崇め、富ばかりを追う悪しき慣習が蔓延(まんえん)し、また、かつて世界最高水準の教育を施していた日本の教育は堕落し、日本人の勤労と勤勉は失われてしまった。

●――国の価値は経済力では決まらない

豊かさとは何か。これに答えるのは実に難しい。様々な考え方があり、決まった答えなどあるはずがない。だが、人々が何を豊かさととらえるかによって、将来の社会の在り方が大きく異なってくることは間違いないだろう。もし、日本人が今のように金銭的豊かさだけを追い求めてあと半世紀も経過したなら、将来の日本は見るも無残な姿になることだろう。

私は先日テレビを観ていて、目の前が真っ暗になるような思いをした。その番組は、小さな事務所で一日中モニターを見ながらデイトレードをして、一年で二〇〇〇万円を稼ぎ出したという二十代のある若者を紹介していた。よくありがちな話題だが、私はその若者の態度に違和感を覚えた。自分が稼ぎ出した金額を誇らしげに示し、稼げない男は無価値であるかのような傲慢（ごうまん）な態度をとったからである。

私はその青年にいいたい。デイトレードで二〇〇〇万円稼いだことが、まさか偉いとでも思っているのか。ただモニターの画面を見ながら株や為替の売買を繰り返す行為は、利益を上げたとて、何も生み出してはいない。社会に何の貢献もせず、ほとんど博打（ばくち）のような手段で金を稼いでおいて、世間の人々を見下すとはいったい何事か。

元来の日本的価値観によれば、そのような手段で稼ぎ出した金銭は、所詮「あぶく銭」と呼ばれる。ましてそれを本業としていることなど、恥ずかしくて堂々と世間にいえたことではないはずだ。

たとえ収入が少なくとも、毎日懸命に働いている人の生き方は美しい。作物を育て、製品を作り、サービスを提供するなど、すべて人々の生活を幸せにすることにつながる。価値を創造するものがほんとうの仕事なのであって、デイトレードの類は到底「仕事」などと呼べるものではない。

そもそも、日本的価値観にはお金を稼ぐ人が偉いという考えはない。江戸時代では、商人は最も資金力を持ち、なかには大名に多額の貸し付けをする豪商もあったが、商人はむしろ「士農工商」で知られる身分制度の下層を占めていた。

金銭的豊かさや金銭を稼ぐことを否定するつもりはない。だが、それらは数ある価値のうちの一つに過ぎず、少なくとも商売で成功した人物を神聖視し、また特別にちやほやする価値観が日本に存在しなかったことは確かである。

経済大国であることが日本の価値の多くを占めていることは間違いなかろう。だが、日本のほんとうの価値が経済力ではないこともまた事実だ。経済大国が慕われるのであれば、経済力が最も大きい米国は世界で最も慕われていなくてはなるまい。しかし、米国は友好国が多い半面、敵対する国もかなり多い。国のほんとうの価値は経済力や軍事力では決まらないのだ。

異邦人は、伝統に裏打ちされた日本文明に最大の価値を見出してきた。諸外国の世論調査で好きな国を問うと、日本が必ず最上位に入る。もちろん経済は重要だが、もし日本人がこれまでのように金ばかり追っていたら、将来、経済力が相対的に低下したとき、日本は世界にとって何の価値もない国になってしまうだろう。

残念ながら今、かつての日本を評価すると「封建主義」などと非難される時代である。学校では子供たちに建国の歴史すら教えない。それどころか、学校では国の象徴である天皇や、日本人の精神的な基盤である神話についても、まったく扱わない。かつてアーノルド・トインビーは「十二、三歳くらいまでに民族の神話を学ばなかった民族は、例外なく滅んでいる」と書いた。民族を滅亡させるには軍隊は必要ない。ただ神話を教えなければ、それだけで必ず滅ぶのだ。日本は戦後まさにその道を歩んできた。

●僕らの時代

我が国は二千年以上王朝の交代がなかった。世界に現存する国家のなかで最古の国家といえる。今は失われてしまった日本文明を取り戻したとき、日本はかつての輝きを取り戻すだろう。

米国出身の温泉旅館の女将が「ニッポン人には、日本が足りない」といって有名になったが、日本の良さを認識しているのは、むしろ日本人でなく異邦人なのかもしれない。現代日本人には日本文明が足りない。日本文明の重要性を再認識しこれを復興することによってのみ、美しい日本の姿を甦らせることができると私は考える。

かつて欧州で古典文化復興の動きが起こり、文化芸術の復興だけでなく、社会が大きく変革したことがあった。「ルネッサンス」である。日本人が立ち返るべきは戦前や古代ではなく、縄文時代以降、悠久の歴史のなかで積み上げられた日本文明がその頂点を極めた維新前夜ではなかろうか。日本人が維新前夜に立ち戻り、当時の気概を取り戻すことが「日本文明復興――ジャパン・ルネッサンス」なのである。

具体的には、若い世代が日本を学び実体験することが肝要だ。子供や若者には、英語を学ぶ時間があれば正しい日本語を学んでもらいたいし、異国を旅するのもよいが、むしろ日本列島を隈（くま）なく旅してほしいものだ。日本の若者が日本民族の神話と日本建国の歴史を学び、伊勢の神宮を参拝して、歌会始に和歌を詠進するなどして、日本的価値観を共有したとき、確かに日本は本来の姿を取り戻すだろう。

もちろん、かつての日本文明をそのまま現在に再生することはできない。だが、若者が中心になって日本の魅力を再発見することで、これまでの近代合理主義の価値観が日本的価値観に変われば、十年後の日本はまったく別のものになると信じる。幸い、近年は若年層で日本的なものに人気があるという。これを一つの流行に終わらせず、日本文明復興の基盤を整えれば、将来の日本はきっと魅力的な国になるだろう。僕らの時代はまだ始まったばかりだ。

巻末対談

北野 武×竹田恒泰

日本は生活そのものが「芸術」だ

――天皇から派生する枝葉のなかに我が国の文化はすべてある！

●――五・七・五・七・七から広がる無限の想像

竹田　「世界のキタノ」のご活躍はあらためて申し上げるまでもないと思いますが、今の日本を世界の人々はどのように見ているとお感じになっているか、そのあたりからお伺いできますか。

北野　昔から日本にハマる外国人は少なくなかったと思うけれど、今でもたとえばシャネルやカルティエなんかの日本法人社長は、かつて日本で暮らした人が多いんですよ。シャネル日本法人社長のリシャール・コラスさんは、かつて三カ月間日本を旅行したとき、一度もお金を使わなかったのが自慢なんです。たまたま出会った人がみな、家に泊めてくれて、「日本というのはなんて親切な国だ」となった（笑）。それで日本が好きになって、日本人と結婚して。そういう人たちは日本文化について、下手すると戦後教育を受けた我々よりよく知っている。外国にもマニアックな日本ファンがいて、そういう人も礼儀作法なんかをこっちが恥ずかしくなるほど分かってますね。

竹田　私も台湾のお年寄りから丁寧な日本語で話しかけられて、ドキッとすることがありました。もっとしっかりしなければと思いましたね。映画をお作りになるとき、そのような外国人の視点を意識なさいますか。

北野　『羅生門』をはじめ、日本映画で表彰を受けた作品は、絶対に外国に媚を売らない作品ですよ。ときどき勘違いした監督が、紋付き羽織袴姿で外国に行って、ちょっと難しい話になったら「禅」や「武士道」を出せば、外国人を騙せると思ってる。だからおいらは外国でインタビューを受けると、「日本の監督で『禅』や『武士道』を出すやつは信用するな、何も分かってないんだ」といってます。

竹田　やはり媚びる作品はダメなんですね。

北野　外国の映画評論家はほんとうのプロが多いですからね。日本みたいに本職が映画評論家かなんだか分からない人たちと違って、それだけで食べている人だから、物事を見抜く力が強い。映画のなかでわざと自分の個性を出すこともありますが、それは媚を売ってるわけじゃなくて、日本のヤクザの凶暴さ、何考えているか分からない怖さみたいなものを出すために、いきなり殴ったりするんですよ。

竹田　私もたけしさんの作品は大方拝見していますが、感動を受けるのがその幅の広さです。お笑いに徹したものもあれば、美しい情景が延々と続くものもある。どちらも一人の人間が作っている、とは信じられないでしょう。

北野　五月にフランスのカンヌ映画祭で『アウトレイジ』をかけたときは、「とても『菊次郎の夏』を撮った監督とは思えない凶暴なバイオレンス」と評論家に書かれましたよ（笑）。でも自分は大学で物理を勉強したので、ポテンシャルエネルギーに譬えると、今の人は振り子みたいにプラスとマイナスの間を行ったり来たりしてる。でも暴力がマイナス1、愛がプラス1だとしたら、その間以上に感情は動かないわけで、だったらもっとじゃんじゃん振るべきだ、と。極端な暴力があれば、その反対には極端な愛がある。そういうちょっと物理的な感覚で理屈付けしちゃうんです。

竹田　暴力と愛の間を行き来するのは意図的だったのですね。『アキレスと亀』では、芸術家の物語のはずなのに、次々と人が死んでいくのは衝撃的でした。でも、観ていると途中から慣れてくるから不思議です。さらにいえば、たけしさんの映画はとても色が美しい。ハリウッド映画とは違う、日本人的な色の感覚が出ているようにも思ったのですが、そのあたりはいかがですか？

北野　うちは照明さんがとても色にうるさい人で、基本的にはモノトーンに近い色がいいっていうんです。赤とかそういう派手な色はなるべく外そうと。ヨーロッパで「キタノブルー」といわれたのも青系で統一したから。ほんとうのことをいうと、黒澤明監督の全盛期の映画は白黒、写真でも、素晴らしい作品は白黒が多いけれど、人間はそのなかに色を想像してみる。カラーだと色が主張して、想像力を刺激しないときがあるんです。

竹田　それは極めて日本的な感覚かもしれませんね。たとえば和歌も五・七・五・七・七しかなくて、それ以上の説明はないわけです。でも、そこから無限に想像が広がりますからね。

北野　俳句にしても、「古池や蛙（かわず）飛び込む水の音」をストレートに受け取ったら、「蛙が飛び込んだ音がなんだ？」で終わっちゃう（笑）。でもこの句を中心にして、そこから「古池とは、どういう池か」という想像がワーッと広がっていく。

竹田　北野映画がウケるのは、外国人にもようやく、そうした能力が身についてきた、ということかもしれません。

北野　活花（いけばな）にしても日本オリジナルの鑑賞法ですが、最近は外国でも理解されるようになりましたからね。盆栽にしても、あの小さい空間に宇宙を感じるとか。日本文化の独自性は、あの空間でお茶を飲んで、甘いものを食べて、話し合うことを芸術にしてしまうということです。活ける花から掛け軸から全部その時代と季節を表していて、しかも入り口に続く敷石にわざと枯れ葉を置いたりする。掃除しておいて、掃除したのを感じさせないという。

衣食住と自然が実にうまくミックスされて、そこに天皇という神がいる。その神を崇めたてながら生活する。すごい文化だと思いますよ。

竹田 生活そのものがすでに芸術になっているのですね。

北野 そう、たとえば外国には〝コーヒー道〟なんてないわけだから（笑）。

●──「安いもの禁止令」を出したい

竹田 そのような活躍のなかで、あらためて日本という国がよく見えてくる、ということもあるように思います。今の日本の状況について、たけしさんはどのようにご覧になっていらっしゃいますか。

北野 へんな道徳とはいわないけれど、子供の文化的な教育は絶対に必要だと思いますね。うちのおふくろはすごく古いタイプで、男爵家か何かの女中頭をやっていて教育にうるさかったですよ。食べ方にしても、「並んでまで買うな。『もってけ泥棒』みたいな安物を買って何が嬉しい？」とうちの上の兄（北野大氏）ともどもいわれました。近所で飴を配っているからって並んだら、殴られたこともある（笑）。「貧乏だけど、卑しくはなるな」と徹底的に躾られましたね。だから今でも並んで買うのは絶対にできなくて、おいらが買うのはみんなが飽きたころ（笑）。

竹田　今はほんとうに「安かろう、悪かろう」で、安いものが注目を集める時代ですね。

北野　外国も同じようになってきてるけれど、一つや二つくらいは「お金を貯めてあれを買おう」というものがあっていいんじゃないかと思いますね。それをいつか子供にあげたっていい。「これはおじいさんがしてた腕時計」とかいったら、カッコいいじゃないですか。輪島塗とか、日本の職人さんが作った工芸品もすごくいい。匠の作ったものはいつまでも使えるし、素晴らしいものがたくさんありますよね。

竹田　職人さんのモノづくりに対する情熱はすごいものがありますね。私は、財布や小銭入れはルイ・ヴィトンではなく、甲州印伝を使っているんですが、その他にも、意図的に伝統工芸品を使うようにしています。印伝を使っていると、お年寄りばかりでなく、若い人からも「これ何ですか」と聞かれたりして会話になるんです。印伝は長持ちするし、見た目もよいし、それでいて高くはないし、しかも会話も弾んだりして、いいことずくめです。

北野　でもやっぱり指物師（さしものし）も、安い家具に押されてたいへんだ、といってます。日本人自身に、いいものを見る目がなくなってきてるんですよ。安い家具は合板で見た目はきれいだけれど、愛着を持てないから次に引っ越すときはもう要らない。指物師が作る家具は伝統芸

で、板の目まで合わせちゃったり、すごい技術で作られている。でも、それがいいと思える人がいなくなっている。

竹田　家具の量販店に行くと、一見、八〇〇〇円ぐらいの家具が、その一〇分の一の値段で売っていたりしますから。

北野　安過ぎるってのもどうにかならないものかな、「安いもの禁止令」を出したいくらい。一万円で揃うとかいうけど、すぐ買い替えてたら結局、同じことなのにね。

竹田　家庭の教育以外、たとえば学校教育についてはいかがですか。

北野　あまり日教組の悪口はいいたくないけど……片方で国旗に敬礼しない、席を立たない、といってる子が、サッカーの試合では顔に日の丸を描いて応援してるのはどういうことだろうという。イベントによって変わるわけで、一貫性がない。日本国というものが基盤となって、あらゆるときにそれを構成する国民という自覚をもっていれば、そんなバカなことはしないでしょう。

竹田　今の日本人は、国があることのありがたさを根本的に忘れているんじゃないでしょうか。もし日本があることに感謝していれば、気持ちよく君が代を歌って、国旗に敬意を払えるはずです。それができないのは、世界的にも恥ずかしいことじゃないですか。

北野　いつの間にか「法的に」ということが先に立って、国民の歴史を無視するようになった。「それは法的に間違っている」というけれど、じゃあ歴史は法より劣るのか。「国歌は法的に認められていないから歌わない」なんて言葉を聞くと、じゃあ、法的に認めたら、どんな歌でもいいのか、と思いますね。歴史をまったく無視するから、おかしな話になるんです。

竹田　そうやって歴史を無視しつづけているうちに、自らの誇りを日本人はどんどん失っているのでは？

北野　戦前の日本人は誇りに溢れていたと思いますよ。だからこんな小さな島国なのに、五大国といわれるくらいの力を持った。でも戦後、徹底的に日本人の誇りを削ぐような教育があって、「国際化」といって何を狂ったか自国の文化を否定して外国文化を採り入れた。外国のルールを学んだことで国際人になったと思っている人がたくさんいますが、それがいかに間違いであるか。たとえばヨーロッパの映画祭に行ったとき、日本文化を語れない人はバカにされるわけです。ナイフとフォークをうまく使うより「箸をくれ」といったほうがいい。このとき「できれば醬油もくれ」というのがベストだけど（笑）、ある時期から醬油も用意されるようになって、「これは醬油をかけて食べるのがいちばんうまい」といったら、外国人がそれを真似して、「うまい」ってことになってしまうわけで（笑）。

戦争に負けたのは確かですが、それによって日本の文化を捨ててほんとうに無条件降伏するんじゃなく、「文化は捨てない」とか条件降伏じゃなければおかしいんです。マッカーサーにしても、天皇は残しました。むしろその後の時代の日本人の方が、日本文化を否定するような方向にミスリードされていった感じがしますね。

建国の経緯を教えない日本の歴史教科書

北野　そうやっていくうちに、いまの日本は気を遣い過ぎる国になってしまった。靖国問題から何から「戦後は終わった」といいながら、なんでそこまで気を遣うのか、というくらいでしょう。アジア諸国を過剰に気遣う日本を見ると、「ああ、この国はいつの間にか商人の国になってしまったな」という感じがする。たとえば政治家が靖国神社に行った瞬間、不買運動が起こるのが怖いんですね。今の日本の政治自体が経済至上主義だから、やっぱりどこか、お金で心を売り渡しているというか。

竹田　結局はお金の話題ばかりで、いくら儲けたのが偉い、という風潮がありますね。古くから日本では銭金は「穢れ」と考えられていましたから、まして「いくら儲けた」という類の話は嫌われていたはずです。以前もテレビで「デイトレードでこれだけ稼ぐ俺は偉い」と世間を見下したように話している人がいましたが、彼は何かを生み出しているわけではない。

北野　芸人ってのはもともとは河原乞食で、飢えていない人のために演芸はあるわけですが、飢えているときにおにぎりとピカソの絵を出されれば、誰だっておにぎりを取るに決まってる。そうすると結局いちばん偉いのは、モノを作る人たちで、その人たちを大事にしなければいけないのに、お金の取引だけで儲ける人を偉い、といってるのは絶対におかしいですね。

竹田　日本人から美徳がなくなっているのはなぜだろう、とその理由を考えていって気付いたのが、たけしさんが先ほどおっしゃった歴史です。日本の歴史教科書には、建国の経緯がまったく書かれていない。世界の歴史の教科書で、建国について触れていないバカな教科書は一つもありません。終戦の段階で、連合国はすぐには日本を潰しませんでしたが、百年をかけて真綿で首を絞めるように我が国をじわじわ殺している。

北野　やっぱり核家族化したことがよくなかったね。昔はおじいさんやおばあさんが、いろんな逸話を語ってくれて、そこから文化や伝統を学んだ。うちのおふくろも子供がおしめをしていると、「これを見なさい、便所にうんちをしないでおむつにするから、便所の神様が怒って、お尻を毎日つねるんだ。だからお尻にアザがあるんだ」って蒙古斑の話をしてました。その言い方、ちょっと楽しいでしょ。便所にしても「ご不浄」と呼んで、汚いところだけれどいかにきれいに使うのが大事かを教える。

竹田　そういう意味で、神話にはたいへん大きな価値がありますね。米粒を食べ残すと目が潰れるって教えられると、子供たちも怖がってご飯を残さなくなる。火遊びをするとおねしょをするっていうのもそうですね。昔は教科書で『古事記』も含めた日本神話をきちんと教えていました。しかし最近は「因幡の白兎」すら知らない子供が増えている。

日本は建国の経緯を教えない、といいましたが、代わりにこの国では考古学から歴史の授業が始まります。ナウマン象が出てきて、縄文土器の話になって、突然、推古天皇が出てくる（笑）。考古学から歴史の教科書を書きはじめているのは世界でも日本とアメリカくらいでしょう。アメリカの場合は歴史が浅いから仕方ありませんが、日本には二千年以上の歴史がある。にもかかわらず、「『古事記』はフィクション」という馬鹿な理由でそれを教えることを避けているわけです。歴史家のトインビーは、十二、三歳までに自分たちの国の神話を教えない民族は百年以内に必ず滅ぶ、といいました。終戦後、もうすぐ七十年を迎えるわけですが、あと三十年後に我が国がどうなっているのか、心配でなりません。

●——礼儀とは反射的に身につけさせるもの

竹田　ではたけしさんからご覧になって、日本をよくするためには、何が必要であるとお考えになりますか。

北野　最近、小笠原流礼法の本を読んでとても面白かったんですが、礼儀が理論がかっているというか、食事の仕方から上座・下座の決め方、刀の置き方までが実に科学的でした。礼儀というのが、単に目上の人へのおべっかじゃなく、なぜこういう行動をするか、ということが理路整然と書いてある。そうやって礼儀作法を科学的なこととうまくリンクさせて教育すべきだと思うんですね。

竹田　やはり教育でしょうね。効果が出るのは二十年、三十年先の話になりますが、その部分を大切にしてこなかったツケが、いまきているわけですから。

北野　核家族化の話にもつながりますが、我々の世代はおじいさんやおばあさんが身近にいたから、特に教わらなくても、老人が前に来たら席を立つことが反射的に身についた。でもいまはシルバーシートだから譲るとか、礼儀とは強制されてやるものだと勘違いしてるところがありますね。スポーツでは同じ動作を何度も繰り返すことで、自然に反射的に動けることがありますが、礼儀も同じで繰り返し反復させることで頭と身体が連動して、どこでもその作法ができるような教育がいちばんいい。それは外国人が日本人のいちばん好きなところなのに、日本人がそのことをやらなくなっているわけだから。

竹田　銀山温泉の外国人の女将が、「ニッポン人には、日本が足りない」といいましたが、外国人の反応を見て、我々日本人がハッとするような点は多いですね。

北野　そもそも「何でも自由にしろ」というのも良くない。今、若者文化を見てると絵から音楽から何もオリジナリティーがないでしょう。丸っきりコピーで、少しは日本的にならないのかっていいたいね。所詮、人間に自由な発想なんてものはほとんどない。自由に発想する前に、どれだけのことを知っているか、ということがまずあって、それを知ったうえではじめて「自由」が出てくる。

自由であることが良いかどうかはスポーツを見ても分かります。たとえば、サッカーはいちばん不自由なスポーツ。使えるのは足と身体の一部だけ。でもサッカーの試合くらい、オリジナリティーあるプレーが生まれる競技はないでしょ。逆にラグビーは、ボールに触ってもいいし、持ってもいい。だけど人気が出ない（笑）。

竹田　そうですね（笑）。いまたけしさんが、「日本とはこうだ！」というなら、それはどんな言葉になりますか。

北野　うーん……外国人との付き合い方でいえば、もう徹底的な「義理人情」ですよ。イタリアで最初にサインを頼んでくれた人の顔は、ずっと覚えてます。彼はたまに日本に遊びに来ますが、こちらでは全部面倒をみますから。評論家でも、最初にヨーロッパでおいらの映画を紹介してくれたのはトニー・レインズというイギリス人ですが、彼が日本に来たときにはすぐに飛んでいく。「タケシ、忙しいのにたいへんだね」といわれて、「いや、俺は日本人で、義理はちゃんと分かっているから」というと、とても喜んでくれます。

竹田　それはとてもいい話ですね。大物になると、それまでに世話になった人への恩を忘れる人もいますから。

北野　義理人情というと任俠道みたいだけど、世話になった人に恩や忠義を感じる気持ちは、本来、日本人がいちばん強く持っているものですからね。

●──天皇とは「はなからいる」存在である

竹田　最後に、冒頭にも少し触れられましたが、たけしさんにとって、天皇とはどのような存在なのでしょう。

北野　昨年、お茶会に呼ばれてお目にかかったときは震え上がりましたね（笑）。皇后陛下から声をかけられて、「映画、たいへんですね」とお話をしていたら、前を歩いていた天皇陛下が戻ってこられて挨拶してくださった。まあ、驚いて、緊張して。

竹田　たけしさんがそこまで緊張なさるのは珍しいのではないですか。

北野　そうですねえ……竹田さんがいわれているように、天皇というのは信仰に近いというか、かなり神に似た存在ですよね。あらゆる日本人の苦難を背負って立っていらっしゃる気がして、それに対してとても申し訳ないと思う。でもそれをカバーするオーラがあって、不謹慎を承知でいえば、戦争で天皇陛下の名前を叫んで死んでいくのも分かるというか。外国の権力者は、ある集団から実力者が出て、その集団が力ずくで大きくなり、最後に皇帝になったりする。でも日本の歴史を振り返ると、天皇は「はなからいる」という感じがします。だからどの時代にこの人が天皇になって、というのはわりとどうでもいい気がしていて、「はなからいる」わけだから、原点を決める必要もない。

竹田 少なくとも、文字のない時代からあったことは確かですからね。「はなからいる」という表現は分かりやすい。気に入りました。大自然と同じじゃないですか。天皇ははじめから「ありき」なんですね。では、天皇はすごい存在と思われるようになったのは、いつごろからですか。

北野 おふくろと一緒に日の丸の国旗をもって、軽井沢に行く正田美智子さんを送ったときだから、あれは中学ぐらいじゃなかったかな。強制されて行った感じはしませんでした。日本という国があって、その要の部分に天皇がいることは間違いないし、このスタイルは歴史的にも揺るがない。その下に派生する枝葉のなかに、日本文化とか礼儀とか、あらゆるものが全部くる。そういう意味ではあながち、「日本の象徴」という言い方はおかしくないと思う。

竹田 私もそう思っているんです。天皇は、べつだん日本国憲法が制定された昭和二十二年（一九四七）から「象徴」になったわけではなく、明治時代も江戸時代も天皇はずっと、日本の象徴的存在だった。その意味では怪我の功名というか、言い得て妙な言葉を当ててくれたと思います。しかし最近の調査結果によりますと、二十代の若者の七〇パーセント以上が天皇に興味がないと答えている。マザー・テレサは「愛の反対は無関心だ」といいましたが、あと二十年もすれば、そうした人たちが社会の中心になるわけです。

北野 やっぱり戦後、右翼のイメージが格好悪かったんだね。左翼のイメージはインテリで、「神田をカルチェ・ラタンに」とかいってちょっと格好いいところがあった。右翼はサングラスをし、坊主頭といったスタイルがヤクザみたいだし、天皇を擁護することが民衆のためじゃなくて自分たちのためというのが、見え隠れするような団体もあったから。

竹田 日の丸を掲げると右翼と見なされるのは、その印象も大きいでしょう。右翼の一部は菊の紋を使っていますが、十六紋菊は陛下の御紋で、皇族方ですら畏れ多くてお使いになりません。国会議員のバッジも菊の花の花弁を一枚取って、十五枚になっています。それをなんで右翼が菊紋を使うのか。もし彼らに皇室を敬う気持ちがあるなら、やめてほしい限りです。少なくとも、民間人にとって右翼の印象は良いものではありませんから、街宣車を乗り回す右翼たちが擁護する天皇ってなんだろう、と若者がいぶかしがっても不思議ではない。右翼がもっと格好よくなるよう、ぜひ指導してください（笑）。

北野　新右翼なども出てきていますが、本来、右翼は思想的には確固とした歴史観を持っていて、格好いいはずなんだけどね。思想はとても大事だから。

竹田　幸いなことには、特に若い人たちの間で日本文化自身に対する関心が近年、高まっているようにも感じます。美術にしてもファッションにしても一種、「日本ブーム」が起きている。

北野　このあいだ花火大会に行ったら、浴衣で来てる人が増えていて、それは非常に軽いファッションなんだろうけど、ちょっともう外国に飽きてきてるんでしょう。

竹田　それをブームに終わらせず、より本質的な「日本文明復興」につなげていかなければなりませんね。

産霊（むすひ）――天皇不在の日本論は日本論に非ず

書店には数多（あまた）の日本論に関する書籍が並び、日本人ほど自国を論じた本が好きな国民はいないともいわれる。

だが、それらの日本論は大方、天皇について触れていない。本書を最後まで読んでくださった読者であれば、天皇を語らずして日本を語れるはずがないことをすでに分かっていただいていることと思う。

天皇が好きか嫌いか、それは個人の趣味の問題であろう。しかし、戦後の教育現場では、天皇についてほとんどまったくといってよいほど教えていない。これでは、好きも嫌いもあろうはずがない。天皇に関心がない若者を製造しているに等しい。

しかし、関心のあるなしにかかわらず、日本の根柢（こんてい）には常に天皇がある。日本文明は天皇を中心に育まれ、発展してきたことは紛れもない事実であり、天皇なくして日本は存在しえないのである。日本人であれば最低限、天皇、日本神話、建国の経緯、日本の国柄などについて、知っておくべきだろう。

日本は建国から現在までの二千年以上、一つの王朝を保ってきた。無価値なものは時間の流れのなかで淘汰(とうた)され、ほんとうに価値があるものが守られる。二千年以上国家が続いてきたことは、何か意味があるに違いない。読者が、その価値を一つでも発見してくれたなら、本書の目的は達成されたことになろう。

本書は大きなテーマを扱ったため、本来なら一冊の本にすべきものを、それぞれ小さい一章に押し込んだ。巻末に参考文献をできるだけ多く掲げたので、個別のテーマに興味を持った方は、他の本を読む手掛かりにしていただきたい。

私は本書で、外国との比較のなかで日本を論じることに重点を置いた。齢(よわい)わずか三十五歳であるが、これまでに四五の国を訪れ、世界中に友人を持てたことが、本書を書き上げる糧(かて)となった。小さいころから世界中を連れ回してくれた父と母に感謝したい。

＊

本書を出版するにあたり多くの方々のご協力を頂いた。まず、ご多忙にもかかわらず快く対談をお引き受けいただいた北野武様に厚く御礼申し上げたい。

次に、新書の発刊にあたってはＰＨＰ研究所新書出版部の林知輝様、そして連載にあたっては『Ｖｏｉｃｅ』編集長の山岡勇二様、同編集部の藤岡岳哉様に多大なるご協力を頂いた。

また、本書のタイトルは放送作家のたむらようこ様に付けていただいたほか、吉沢誠君には資料収集などで手伝ってもらった。ご協力いただいた方々にこの場を借りて感謝申し上げたい。

平成十八年に私のような若輩に第一五回山本七平賞を与えてくださったことで、今日の私がある。ＰＨＰ研究所と選考委員の先生方に、この場を借りて七冊目の本を上梓（じょうし）させていただくことを報告させていただきたい。

平成二十二年神楽月吉日

竹田恒泰

主要参考文献一覧

【序章】
櫻井孝昌『アニメ文化外交』ちくま新書、二〇〇九年五月
山口康男編著『日本のアニメ全史――世界を制した日本アニメの奇跡』テン・ブックス、二〇〇四年五月

【第一章】
石毛直道『食事の文明論』中公新書、一九八二年一月
江原絢子、石川尚子、東四柳祥子『日本食物史』吉川弘文館、二〇〇九年七月
岡田哲編『食の文化を知る事典』東京堂出版、一九九八年十一月
鎌田純一『皇室の祭祀』神社本庁研修所、二〇〇六年二月（非売品）
北山晴一「フランス」（大塚滋ほか編『世界の食文化 16』）農山漁村文化協会、二〇〇八年十二月
熊倉功夫『日本料理の歴史』（歴史文化ライブラリー）吉川弘文館、二〇〇七年十二月
篠田統『中国食物史』柴田書店、一九七四年
芳賀登、石川寛子監修『全集 日本の食文化 第二巻「食生活と食物史」』雄山閣出版、一九九九年一月
原田信男『和食と日本文化――日本料理の社会史』小学館、二〇〇五年十一月
山内昶『食具』（ものと人間の文化史）法政大学出版局、二〇〇〇年十月
李春寧『李朝農業技術史』飯沼二郎訳、未来社、一九八九年五月
『ミシュランガイド東京 2008 日本語版』日本ミシュランタイヤ、二〇〇七年十一月
『ミシュランガイド東京 2009 日本語版』日本ミシュランタイヤ、二〇〇八年十一月
『ミシュランガイド東京 2010 日本語版』日本ミシュランタイヤ、二〇〇九年十一月

Michelin Travel Publications, Michelin Red Guide 2008 France, Le guide MICHELIN, 2008.4
Michelin Travel Publications, Michelin Red Guide 2009 France, Le guide MICHELIN, 2009.5
Michelin Travel Publications, Michelin Red Guide 2010 France, Le guide MICHELIN, 2010.6

【第二章】

安蒜政雄『旧石器時代の日本列島史』学生社、二〇一〇年五月
一色八郎『箸の文化史――世界の箸・日本の箸』（新装版）御茶の水書房、一九九八年八月
猪瀬直樹『ミカドの肖像――プリンスホテルの謎』小学館ライブラリー、一九九一年八月
小川裕夫『封印された鉄道史』彩図社、二〇一〇年六月
小山田了三『世界を支える日本技術――伝統技術の展開』東京電機大学出版局、一九九八年七月
片倉佳史『台湾に生きている「日本」』祥伝社新書、二〇〇九年三月
佐原真『道具の考古学』岩波書店、二〇〇五年五月
堤隆『旧石器時代ガイドブック』（シリーズ「遺跡を学ぶ」別冊）新泉社、二〇〇九年八月
藤尾慎一郎『縄文論争』講談社選書メチエ、二〇〇二年十二月
三田村有純『お箸の秘密』里文出版、二〇〇九年一二月
向井由紀子、橋本慶子『箸』（ものと人間の文化史）法政大学出版局、二〇〇一年十一月

【第三章】

沖森卓也編著『日本語史概説』朝倉書店、二〇一〇年四月
朱紅軍「和製漢字と和製漢語」（学位論文、魯東大学、二〇〇九年）
早川勇『英語になった日本語』春風社、二〇〇六年十一月
宮崎嘉夫『日本人と日本語のルーツを掘り起こす――考古学からDNAまで』文芸社、二〇〇九年七月
山口仲美『日本語の歴史』岩波新書、二〇〇六年五月

【第四章】
佐原真『戦争の考古学』岩波書店、二〇〇五年一月
武光誠『「図解」世界戦史の謎と真実——地図で読み解く名将たちの戦い』ＰＨＰ研究所、二〇〇七年九月
立山良司『イスラエルとパレスチナ——和平への接点をさぐる』中公新書、一九八九年九月

【第五章】
石川英輔『大江戸えねるぎー事情』講談社、一九九〇年三月
江戸遺跡研究会編『図説江戸考古学研究事典』柏書房、二〇〇一年四月
宮内省先帝御事蹟取調掛編『孝明天皇紀』（全五巻）平安神宮、一九六七〜一九六九年
神宮司庁広報室編『神宮 第六十二回神宮式年遷宮へ向けて』神宮司庁、二〇〇六年四月
神社本庁教学研修所監修『神道のしきたりと心得——日常拝礼の作法がよくわかる』池田書店、一九九〇年一月
南里空海『伊勢の神宮——祈りの心・祭りの日々 日本人の原点回帰を求めて』世界文化社、二〇〇三年十二月
藤田祐幸、槌田敦『エントロピー』現代書館、一九八五年二月
藤田祐幸「エントロピー論入門——物理学から環境を考える」（川村晃生編著『環境学事始め』）慶應義塾大学出版会、一九九九年七月
ブライアン・R・ミッチェル編著『ヨーロッパ歴史統計 一七五〇〜一九九三』（マクミラン新編世界歴史統計1）中村宏、中村牧子訳、東洋書林、二〇〇一年九月
ブライアン・R・ミッチェル編著『アジア・アフリカ・大洋州歴史統計 一七五〇〜一九九三』（マクミラン新編世界歴史統計2）北村甫訳、東洋書林、二〇〇二年一月
ブライアン・R・ミッチェル編著『南北アメリカ歴史統計 一七五〇〜一九九三』（マクミラン新編世界歴史統計3）斎藤眞訳、東洋書林、二〇〇一年十一月
室田武『雑木林の経済学』樹心社、一九八五年一月
室田武『物質循環のエコロジー』晃洋書房、二〇〇一年五月

【第六章】

高松宮妃喜久子殿下『菊と葵のものがたり』中央公論社、一九九八年十一月
石井良助『天皇——天皇の生成および不親政の伝統』山川出版社、一九八二年八月
植村清二『神武天皇——日本の建国』中公文庫、一九九〇年九月
亀井高孝ほか編『世界史年表・地図』（第七版）吉川弘文館、二〇〇一年四月
小堀桂一郎『昭和天皇』ＰＨＰ新書、一九九九年八月
時事通信社編『世界王室マップ』時事通信社、一九九七年二月
第一学習社編集部『総合世界史図表』（改訂一二版）第一学習社、一九九二年二月
武光誠『大和朝廷と天皇家』平凡社新書、二〇〇二年五月
辻達也編『日本の近世 第2巻「天皇と将軍」』中央公論社、一九九一年九月
林房雄『神武天皇実在論』学研M文庫、二〇〇九年七月
安本美典「神武東征伝承の再検証」（『歴史と旅』平成七年六月号、秋田書店、三六〜四五ページ）
八幡和郎『お世継ぎ——世界の王室・日本の皇室』平凡社、二〇〇五年十一月
和田萃『大系日本の歴史2「古墳の時代」』小学館、一九八八年一月

【終章】

タウンゼント・ハリス『日本滞在記』（全三巻）坂田精一訳、岩波文庫、一九五三〜一九五四年
マルタン・モネスティエ『図説排泄全書』吉田春美、花輪照子訳、原書房、一九九九年二月
渡辺京二『逝きし世の面影』平凡社ライブラリー、二〇〇五年九月
F・クライン＝ルーブル『パリ職業づくし——中世から近代までの庶民生活誌』北澤真木訳、論創社、一九九五年四月

【章をまたがって参考にした本】

葦津珍彦選集編集委員会編『葦津珍彦選集』（全三巻）神社新報社、一九九六年六月〜十一月
井原頼明『皇室事典』（増補版）富山房、一九四三年
大林太良、吉田敦彦監修『日本神話事典』大和書房、一九九七年六月
小野祖教『神道の基礎知識と基礎問題』（改訂増補版）神社新報社、一九七六年二月
笠原英彦『歴代天皇総覧――皇位はどう継承されたか』中公新書、二〇〇一年十一月
倉野憲司校注『古事記』岩波文庫、一九六三年一月
皇室事典編集委員会編著『皇室事典』角川学芸出版、二〇〇九年四月
国史大辞典編集委員会編『国史大辞典』（全一七巻）吉川弘文館、一九七九年三月〜一九九七年四月
児玉幸多編『天皇』（日本史小百科）東京堂出版、一九九三年五月
坂本太郎ほか校注『日本書紀』（全五巻）岩波文庫、一九九四年九月〜一九九五年三月
佐原真、ウェルナー・シュタインハウス監修『日本の考古学』（全二巻）学生社、二〇〇七年四月
志村有弘編『天皇皇族歴史伝説大事典』勉誠出版、二〇〇八年十二月
神社本庁編『日本を語る――皇室と伝統文化篇』小学館スクウェア、二〇〇七年三月
竹内睦泰『超速！日本近現代史の流れ』（増補改訂版）ブックマン社、二〇〇五年七月
竹内睦泰『超速！日本史の流れ』（増補改訂版）ブックマン社、二〇〇五年五月
田中英道責任編集『日本史の中の世界一』育鵬社、二〇〇九年一月
玉田芳英編『史跡で読む日本の歴史1「列島文化のはじまり」』吉川弘文館、二〇〇九年十一月
永原慶二ほか編『講座・前近代の天皇』（全五巻）青木書店、一九九二年十二月〜一九九五年十一月
日本学士院編『帝室制度史』（全六巻）吉川弘文館、一九七九年五月（原版、帝国学士院編『帝室制度史』〈全六巻〉ヘラルド社、一九三七年三月〜一九四五年三月）
日本国語大辞典第二版編集委員会、小学館国語辞典編集部編『日本国語大辞典』（全一四巻、第二版）小学館、二〇〇〇年十二月〜二〇〇二年十二月

藤本強『考古学でつづる日本史』同成社、二〇〇八年一月
水戸部正男編著、肥後和男ほか著『図説 歴代天皇紀』秋田書店、一九八九年三月
山折哲雄『日本文明とは何か――パクス・ヤポニカの可能性』角川書店、二〇〇四年十一月
山口佳紀、神野志隆光校注・訳『新編日本古典文学全集1「古事記」』小学館、一九九七年六月
八幡和郎『歴代天皇列伝――日本人なら知っておきたい「国家の歴史」』PHP研究所、二〇〇八年六月
歴史百科編集部編『皇室の百科事典』新人物往来社、一九八八年六月
『歴代天皇・皇后総覧――歴代天皇・皇后125代+北朝5代の御生涯を集成した永久保存版！』（別冊歴史読本、第三一巻七号）新人物往来社、二〇〇六年三月
『歴代天皇全史――万世一代を彩る君臨の血脈』（歴史群像シリーズ）学習研究社、二〇〇三年五月
『古事記――記紀神話と日本の黎明』（歴史群像シリーズ）学習研究社、二〇〇二年十月

【拙著のなかで本書の主題と関係するもの】

竹田恒泰『語られなかった皇族たちの真実――若き末裔が初めて明かす「皇室が2000年続いた理由」』小学館、二〇〇六年一月
竹田恒泰『エコマインド～環境の教科書』ベストブック、二〇〇六年九月
竹田恒泰『旧皇族が語る天皇の日本史』PHP新書、二〇〇八年三月
竹田恒泰『怨霊になった天皇』小学館、二〇〇九年二月
竹田恒泰、辛酸なめ子『皇室へのソボクなギモン』扶桑社、二〇〇七年十月
竹田恒泰、八木秀次『皇統保守』PHP研究所、二〇〇八年八月

竹田研究会のご案内

全国で竹田恒泰氏を講師とする講座を開催しています。東京から始まったこの竹田研究会は、北海道、宮城、石川、富山、新潟、愛知、京都、大阪、兵庫、奈良、広島、岡山、山口、愛媛、福岡とその輪が広がり、全国規模となりました。国史、日本神話、憲法をはじめ、日本の伝統や皇室に関する数多くの講座を行っています。詳細は下記までお問い合わせください。
（ただし、電話での受付は行っておりません）

本書の第一章から終章および巻末対談は弊誌『Voice』平成22年3月号～11月号（6月号を除く）での連載を再構成してまとめたものである。

PHP新書

PHP INTERFACE
http://www.php.co.jp/

竹田恒泰[たけだ・つねやす]

昭和50年(1975)旧皇族・竹田家に生まれる。明治天皇の玄孫にあたる。慶應義塾大学法学部法律学科卒業。専門は憲法学・史学。作家。慶應義塾大学法学研究科講師(憲法学)として「憲法特殊講義(天皇と憲法)」を担当。平成18年(2006)に著書『語られなかった皇族たちの真実』(小学館)で第15回山本七平賞を受賞。平成20年(2008)に論文「天皇は本当に主権者から象徴に転落したのか?」で第2回「真の近現代史観」懸賞論文・最優秀藤誠志賞を受賞。著書はほかに『怨霊になった天皇』(小学館)、『旧皇族が語る天皇の日本史』(PHP新書)、『エコマインド～環境の教科書』(ベストブック)、共著に『皇室へのソボクなギモン』(扶桑社)、『皇統保守』(PHP研究所)などがある。

日本はなぜ世界でいちばん人気があるのか

(PHP新書705)

二〇一一年一月五日　第一版第一刷
二〇一三年十一月二十六日　第一版第三十五刷

著者――竹田恒泰
発行者――小林成彦
発行所――株式会社PHP研究所
東京本部――〒102-8331 千代田区一番町21
新書出版部 ☎03-3239-6298(編集)
普及一部 ☎03-3239-6233(販売)
京都本部――〒601-8411 京都市南区西九条北ノ内町11
組版――有限会社エヴリ・シンク
装幀者――芦澤泰偉＋児崎雅淑
印刷所 製本所――図書印刷株式会社

ISBN978-4-569-79429-7

ＰＨＰ新書刊行にあたって

「繁栄を通じて平和と幸福を」（PEACE and HAPPINESS through PROSPERITY）の願いのもと、ＰＨＰ研究所が創設されて今年で五十周年を迎えます。その歩みは、日本人が先の戦争を乗り越え、並々ならぬ努力を続けて、今日の繁栄を築き上げてきた軌跡に重なります。

しかし、平和で豊かな生活を手にした現在、多くの日本人は、自分が何のために生きているのか、どのように生きていきたいのかを、見失いつつあるように思われます。そして、その間にも、日本国内や世界のみならず地球規模での大きな変化が日々生起し、解決すべき問題となって私たちのもとに押し寄せてきます。

このような時代に人生の確かな価値を見出し、生きる喜びに満ちあふれた社会を実現するために、いま何が求められているのでしょうか。それは、先達が培ってきた知恵を紡ぎ直すこと、その上で自分たち一人一人がおかれた現実と進むべき未来について丹念に考えていくこと以外にはありません。

その営みは、単なる知識に終わらない深い思索へ、そしてよく生きるための哲学への旅でもあります。弊所が創設五十周年を迎えましたのを機に、ＰＨＰ新書を創刊し、この新たな旅を読者と共に歩んでいきたいと思っています。多くの読者の共感と支援を心よりお願いいたします。

一九九六年十月

ＰＨＰ研究所